LITERARISCHE ORTE IM RUHRGEBIET

KLARTEXT

Impressum

1. Auflage Januar 2019

Titelbild und alle Fotografien im Buch:
Lara Ingenbleek, https://ingenbleek.photography

Satz und Gestaltung:
Volker Pecher, Essen

Druck und Bindung:
Multiprint GmbH,
Slavianska Str. 10a,
Kostinbrod 2230,
Bulgarien

KLARTEXT

Jakob Funke Medien
Beteiligungs GmbH & Co. KG
Friedrichstraße 34–38
45128 Essen
info@klartext-verlag.de
www.klartext-verlag.de

ISBN 978-3-8375-1906-8

Bibliografische Information der Deutschen Nationalbibliothek
Die Deutsche Nationalbibliothek verzeichnet diese Publikation
in der Deutschen Nationalbibliografie; detaillierte bibliografische
Daten sind im Internet über http://dnb.dnb.de abrufbar.

LITERARISCHE ORTE IM RUHRGEBIET

Wegweiser zu Schauplätzen der Literatur

Philip Behrendt / Anna Brendt /
Tina Häntzschel / Stephanie Heimgartner /
Leonie Hohmann / Caroline Königs /
Sofie Mörchen

INHALTSVERZEICHNIS

6	Vorwort	
	Bochum	
8	Thomas Bernhard	Claus Peymann kauft sich eine Hose und geht mit mir essen
12	Frank Goosen	Sommerfest
16	Karl Arnold Kortum	Die Jobsiade
20	Gordon Meade	Botanical Gardens
24	Dirk Sondermann	Das große Bochumer Sagenbuch
	Bottrop	
28	Ralf Rothmann	Milch und Kohle
	Dinslaken	
32	Hanns Dieter Hüsch	Das kleine Weihnachtsbuch
	Dortmund	
36	Max von der Grün	Stellenweise Glatteis
40	Sascha Pranschke, Sarah Meyer-Dietrich, Kathrin Oerters (Hrsg.)	Endstation Emscher
44	Benjamin von Stuckrad-Barre	Festwertspeicher
	Duisburg	
48	Joseph Roth	Der Hafen von Ruhrort
	Essen	
52	Paul Bahlmann	Ruhrtal-Sagen von der rheinisch-westfälischen Grenze
56	Anna Basener	Als die Omma den Huren noch Taubensuppe kochte
60	Anthony Doerr	Alles Licht, das wir nicht sehen
64	Jürgen Lodemann	Erinnerungen in der Zornigen Ameise an Geburt, Leben, Ansichten und Ende der Anita Drögemöller oder Die Ruhe an der Ruhr.
68	Klaus Trommer	Superstar
	Gelsenkirchen	
72	Georg Kreisler	Die Heimatstadt

	Gevelsberg	
76	Annette von Droste-Hülshoff	Der Tod des Erzbischhofs Engelbert von Cöln
	Hamm	
82	Jörg Albrecht	Anarchie in Ruhrstadt
	Hattingen	
86	Heinrich Kämpchen	Heimat
92	Otto Wohlgemuth (Hrsg.)	Ruhrland
	Herne	
96	Hans Marchwitza	Die Kumiaks
	Lünen	
100	Jussi Adler-Olsen	Das Versteck
	Marl	
104	Jürgen Brôcan	Wasserwerk
	Neukirchen-Vluyn	
108	Hermann Schulz	Sonnennebel
	Oberhausen	
112	Eva Kurowski	Gott schmiert keine Stullen
	Recklinghausen	
116	Ferdinand Kriwet	Manifest zur Umstrukturierung des Ruhrreviers zum Kunstwerk
	Schermbeck	
120	Gustav Sack	Ein verbummelter Student
	Wattenscheid	
124	Liselotte Rauner	Erzählende Chronik. Wattenscheid im Laufe der Zeit
	Wesel	
130	Justus Gruner	Wesel
	Wetter	
134	Paul Bahlmann	Volmarsteins Sagenschatz
142	Orte der Literatur	
150	Anmerkungen	

Wer ins Ruhrgebiet fährt, denkt nicht als Erstes daran, eine Reise an Orte der Literatur zu unternehmen. Und auch wer hier lebt, erfährt seine Umgebung im Alltag nicht als Hochkulturlandschaft. Doch neben und nach der allseits bekannten Kohle- und Kumpel-Welt von damals und dem staugeplagten Melting Pott von heute gab es immer auch Autor*innen, die Romane, Erzählungen, Theaterstücke und Gedichte zu Papier brachten. Es gibt regionale Märchen und Legenden, zum Beispiel rund um die Hattinger Isenburg. Es gibt Dichtung und Lieder wie die von Heinrich Kämpchen und Romane wie die von Hans Marchwitza, die sich um den harten Alltag der Arbeiter und ihre Sehnsucht nach politischer Beteiligung drehen. Es gab Menschen wie die Mitglieder der „Dortmunder Gruppe 61", die sich in Autorenkollektiven organisierten, Lesungen und Workshops veranstalteten und so eine lebendige Literaturszene ganz eigener Art schufen. Und es gibt eine bunte Szene aus Slampoet*innen, Comedians und Unterhaltungsliterat*innen, die noch im Ruhrgebiet wohnen oder ihm im Geiste treu geblieben sind wie Frank Goosen, Marc Degens und Sebastian23.

Wo Autoren wirkten, welche Schauplätze sie wählten und was dort geschah und geschrieben wurde, lässt sich an diesem unterhaltsamen Führer zu den literarischen Orten des Ruhrgebiets ablesen. Sie können zu den einzelnen Orten pilgern oder Touren unternehmen, die mehrere von ihnen verbinden. Oder Sie schmökern einfach nur und erfahren Neues

z. B. über Georg Kreisler, Max von der Grün und die Hose von Claus Peymann.
Die Orte haben wir so ausgewählt, dass sie sich relativ gleichmäßig über das Ruhrgebiet verteilen – auch wenn nicht alle 53 Städte und Gemeinden vertreten sind. Sie sollten außerdem nicht einfach einen literarisch bemerkenswerten Hinterhof, sondern vor allen Dingen interessante Ausflugsziele darstellen. Und es sollte von allen literarischen Gattungen etwas vertreten sein. So kam eine bunte Mischung von Entstehungsorten und Schauplätzen der Literatur zusammen, an denen Krimis, Poesie, Arbeiterdichtung, Dialektliteratur und autobiografische Texte in die Geschichte der Ruhrgebietsliteratur eingegangen sind.
Seinen Ursprung hat das Buch in einem Projekt ganz anderer Natur: Vor einiger Zeit initiierte ein Seminar an der Ruhr-Universität Bochum das Online-Projekt *Literaturkarte.Ruhr,* das seither ehrenamtlich von Studierenden weitergeführt wird und mittlerweile weit über 300 Orte der Literatur im Ruhrgebiet verzeichnet. Für alle, die noch mehr entdecken oder sich auf ihren Erkundungstouren orientieren wollen, gibt es die Karte unter folgender Adresse: www.literaturkarte.ruhr.
Und nun wünschen wir Ihnen viel Freude bei Ihrer Literatur-Tour durch den Pott – und natürlich die ein oder andere interessante literarische Entdeckung!

Das Autorenteam / Stephanie Heimgartner

THOMAS BERNHARD: CLAUS PEYMANN KAUFT SICH EINE HOSE UND GEHT MIT MIR ESSEN

Das Schauspielhaus Bochum

LITERATURSTECKBRIEF

ORT
Schauspielhaus Bochum
ADRESSE
Königsallee 15,
44789 Bochum
KOORDINATEN
51.4724 N 7.2172 E
ÖPNV
Bahnen 308, 318
oder diverse Busse,
Haltestelle Schauspielhaus
LITERARISCHES WERK
Thomas Bernhard:
Claus Peymann kauft sich eine
Hose und geht mit mir essen.
Frankfurt/M.: Suhrkamp 1990.

Claus Peymann war von 1979 bis 1986 Intendant des Schauspielhauses Bochum, bevor er ans Burgtheater Wien wechselte. Sein Abschied wurde für den Autor Thomas Bernhard zum Anlass, Peymann eine absurd-groteske Trilogie an Dramoletten zu widmen. In ihr stellt sich Bernhard den Auszug Peymanns aus Bochum und seine Ankunft in Wien vor.
In den Dramoletten werden Peymann, Hermann Beil und Bernhard selbst zu karikativen Figuren. Vor allem die Figur Peymanns wird stark überzogen. Der Intendant plappert am laufenden Band: Er hält hysterische Monologe darüber, wie sehr er Bochum hasst oder – je nach Situation – verehrt. Seine Gefühle gegenüber Wien sind nicht weniger sprunghaft. Nach einer dreiseitigen Lobrede auf die österreichische Hauptstadt beschreibt er Träume, in denen er von namhaften Wienern drangsaliert wird. Sein Gebaren macht die Minidramen zu unterhaltsamen Lustspielen. Tiefsinnige Themen

kommen herrlich albern daher. Während sich Bernhard und Peymann über ihren Hass auf den Theaterbetrieb austauschen, probiert letzterer neue Hosen an.
Peymann und Beil schätzten diesen höchst schwarzen und herausfordernden Humor. Zum Abschiedsjahr des Intendanten wurde das erste Dramolett von Beil am Schauspielhaus Bochum uraufgeführt. Vier Jahre später erschienen alle drei Dramolette im Suhrkamp Verlag. □

★ DAS SCHAUSPIELHAUS BOCHUM

Das Schauspielhaus Bochum wurde 1908 als Varietétheater erbaut. Sieben Jahre später kaufte die Stadt Bochum es auf. Schon in den 1920er Jahren machte es sich unter der Leitung von Saladin Schmitt einen Namen. Vor allem Shakespeare-Stücke und deutsche Klassiker standen auf dem Spielplan. In den 1950er bis 1980er Jahren während der Intendanzen von Hans Schalla, Peter Zadek und Claus Peymann gelangte das Schauspielhaus zu neuem Ruhm. Neben klassischen Inszenierungen standen vermehrt zeitgenössische, moderne Autor*innen auf dem Spielplan. Mit diesem innovativen Programm wurde das Schauspielhaus in jener Zeit zu einem der renommiertesten Theater Deutschlands. Diesen Ruf konnte es bis heute verteidigen.
Im Gegensatz dazu fällt der erste Satz des fiktiven Peymann im Dramolett äußerst negativ aus: „Bochum soll mich / am Arsch lecken."[1] Diese Antipathie gegenüber Bochum und seinem Schauspielhaus wird jedoch schnell revidiert. Beim Packen seiner Koffer wünscht sich Peymann, die gesamte Stadt Bochum mitnehmen zu können, vor allem die deutschen Kritiker*innen. Schnell wird ihm in Wien bewusst, wie sehr er Bochum vermisst. □

THOMAS BERNHARD

Die Theaterstücke, Romane und Erzählungen von Thomas Bernhard (1931–1989) sind in mehr als 50 Sprachen übersetzt worden. Damit gehört er zweifellos zu den bekanntesten österreichischen Schriftsteller*innen. Doch das Verhältnis zu seinem Heimatland war von jeher kompliziert. Bernhard brachte die sogenannte österreichische Anti-Heimatliteratur maßgeblich voran und wetterte über das bergige Land, ohne ein Blatt vor den Mund zu nehmen. Dieser Zynismus brachte ihm viel Kritik und den Wunsch nach Aufführungsverboten ein, aber auch Bewunderung und Bekanntheit. Seine Abneigung

gegenüber der Heimat ging so weit, dass er in seinem Testament ein Aufführungsverbot seiner Stücke in Österreich verfügte.
Ein besseres Verhältnis hatte Bernhard dank Peymann zu Bochum. Beide verband eine Freundschaft, von der ihre Kunst profitierte. Viele von Bernhards Stücken wurden in Bochum uraufgeführt. ◻

Weitere Informationen zum Autor unter www.thomasbernhard.at.

WEITERE LITERATUR

- Thomas Bernhard: Der Stimmenimitator. Frankfurt/M.: Suhrkamp 1978.
- Thomas Bernhard: Auslöschung. Ein Zerfall. Frankfurt/M.: Suhrkamp 1986.
- Thomas Bernhard: Heldenplatz. Frankfurt/M.: Suhrkamp 1988.

WEITERE INFOS

- Das Schauspielhaus Bochum befindet sich im Viertel Ehrenfeld, das als Treffpunkt der LGBT- und Alternativszene ein breites Spektrum an Ausgehmöglichkeiten bietet.
- Im Gebäude des Schauspielhauses selbst befindet sich die „Eve Bar", in der sowohl Partys als auch kulturelle Veranstaltungen stattfinden.
- Im gegenüber gelegenen Haus der Geschichte des Ruhrgebiets befindet sich eine Bibliothek, die den Zugriff auf Literatur zur Geschichte und Gegenwart des Ruhrgebiets ermöglicht. Zweimal im Jahr finden Vorträge und Lesungen statt, die Schätze aus dem Bestand präsentieren.
- In der 250 Meter entfernten Buchhandlung Mirhoff & Fischer sind abseits der Bestsellerlisten außergewöhnliche Titel von unabhängigen Verlagen zu finden sowie Bücher aus den Bereichen Kunst, Geschichte und Philosophie.
- Nur wenige Minuten vom Schauspielhaus entfernt ist das „I am Love" zu finden, das eine Vielzahl an qualitativ hochwertigen, veganen Eissorten serviert.
- Wer es herzhafter haben möchte, dem empfiehlt sich die „Butterbrotbar" mit hausgemachten Sandwiches und einem saisonal orientierten, täglich wechselnden Mittagsmenü.
- Wie ein altes, gemütliches Wohnzimmer sieht die Bar „Goldkante" aus. Sie bietet in ihrem geselligen Ambiente Bier, Wein, Cocktails, Konzerte, Ausstellungen, Film- und Diskussionsabende an. Diese Bar ist gleichzeitig literarischer Schauplatz: In Arne Dessauls *Trittbrettmörder* treffen sich ehemalige Schulkameraden in der Kneipe zu einem gemütlichen Abend, ohne von dem skrupellosen Mörder zu wissen, der es auf ihren Jahrgang abgesehen hat.

FRANK GOOSEN: SOMMERFEST

Der Bismarckturm

LITERATURSTECKBRIEF

ORT
Bismarckturm im Stadtpark
ADRESSE
Klinikstraße,
44791 Bochum
KOORDINATEN
51.49049 N 7.22607 E
ÖPNV
Bahnen 308 und 318,
Haltestelle Planetarium
LITERARISCHES WERK
Frank Goosen:
Sommerfest.
Köln: Kiepenheuer
& Witsch 2012.

In Frank Goosens Roman *Sommerfest* reist der Münchner Schauspieler Stefan für ein Wochenende in seine Bochumer Heimat, wo er sein Elternhaus verkaufen will. Die Reise in die alte Heimat ist eine Reise in Stefans Vergangenheit. Während der Treffen mit alten Bekannten, Büdchenfrauen, Kleinganoven, riesigen Fußballtalenten und seiner Jugendliebe Charlie wird die damalige Entscheidung nach München zu ziehen auf den Prüfstand gestellt.
Seine Sicht auf die alte Heimat hat sich mit seinem Wegzug verändert. Die Fokussierung der Ruhrgebietsbewohner*innen auf die Geschichte der Region und die allgegenwärtige Erinnerung an den Bergbau empfindet er so viele Jahre nach Beginn des Strukturwandels als unangebracht. Doch gibt es auch Gründe im Ruhrgebiet zu bleiben? ◻

★ DER BISMARCKTURM IM STADTPARK

Der Strukturwandel in der Region wird zum Thema, als Stefan mit Frank unterwegs ist. Die Freunde leihen sich im Bochumer Stadtpark ein Tretboot und fahren über den kleinen See. Später erklimmen sie die Anhöhe, auf der sich der Bismarckturm befindet. Oben auf dem Turm angekommen, ist Frank zwar vom Ausblick auf die umliegende Landschaft begeistert, betrauert allerdings die verschwundenen Fördergerüste, die früher allgegenwärtig waren. Hierfür zeigt Stefan wenig Verständnis.
Der Bismarckturm wurde 1910, zwölf Jahre nach dem Tod des ehemaligen Reichskanzlers Otto von Bismarck, errichtet. Stefan und Frank kennen den Turm zwar und waren schon häufiger dort, die Hintergrundinformationen erfahren sie allerdings erst bei diesem Besuch zusammen mit der Leser*in von einer Informationstafel: „Demnach ist die Idee des Bismarckturms aus der Deutschen Studentenschaft hervorgegangen. Im ganzen Reich sollten Bismarcktürme zu Ehren des Kanzlers von Blut und Eisen gebaut werden, oben drauf Feuerschalen.“[2] Die Feuerschale findet man heute am Boden ein paar Meter neben dem Turm. ◻

FRANK GOOSEN

Frank Goosen, geboren 1966 in Bochum, studierte von 1986 bis 1992 Geschichte, Politik und Germanistik an der Ruhr-Universität Bochum. 2001 veröffentlichte er seinen ersten Roman *liegen lernen*. 2003 wurde Goosen mit dem Literaturpreis Ruhr ausgezeichnet. *Sommerfest*, Goosens fünfter Roman, erschien 2012 bei Kiepenheuer & Witsch. Verfilmt von Sönke Wortmann, kam *Sommerfest* 2017 in die Kinos.
Frank Goosen tritt neben seinen schriftstellerischen Tätigkeiten seit über 20 Jahren als Kabarettist mit verschiedenen Programmen auf, hat eine Literatur-Late-Night-Show im Schauspielhaus Bochum und war von 2010 bis 2017 als Aufsichtsratsmitglied beim VfL Bochum aktiv. ◻
Weitere Informationen zum Autor unter www.frankgoosen.de.

WEITERE LITERATUR

- Frank Goosen: liegen lernen. Frankfurt/M.: Eichborn 2001.
- Frank Goosen: Mein Ich und sein Leben. Komische Geschichten. Frankfurt/M.: Eichborn 2004.
- Frank Goosen: Förster, mein Förster. Köln: Kiepenheuer & Witsch 2016.

WEITERE INFOS

- Der Bismarckturm befindet sich inmitten des Stadtparks Bochum, der mit seinen zahlreichen Wegen und Wiesen zu einem Spaziergang, zum Verweilen und zum Tretbootfahren auf dem See einlädt.
- In direkter Nachbarschaft des Bismarckturms finden sich der Tierpark und das Fossilium Bochum.
- Ebenfalls in Laufnähe liegt das vielleicht schönste Zweitligastadion Deutschlands: das Ruhrstadion, die Heimspielstätte des VfL Bochum.
- Auch das Deutsche Bergbau-Museum liegt nur wenige Gehminuten entfernt. Dort kann man neben der Ausstellung ein Anschauungsbergwerk besuchen und ein Fördergerüst besteigen.
- Vom Stadtpark nur einen Steinwurf entfernt ist das Planetarium Bochum, welches mit einer Dauerausstellung aufwartet, aber auch mit Konzerten, Vorträgen, Hörspielveranstaltungen und Lesungen Besucher*innen aller Altersklassen anlockt.

Stadtpark im Herbst

CARL ARNOLD KORTUM: DIE JOBSIADE

Der Kortumbrunnen

LITERATURSTECKBRIEF

ORT
Kortumbrunnen

ADRESSE
Husemannplatz,
44787 Bochum

KOORDINATEN
51.4802 N 7.2170 E

ÖPNV
diverse Linien bis Bochum Hauptbahnhof oder Bochum Rathaus; dann jeweils ca. fünf Minuten Fußweg durch die Innenstadt

LITERARISCHES WERK
Carl Arnold Kortum: Die Jobsiade. Ein komisches Heldengedicht in drei Theilen. Dortmund: Mallinckrodt 1799. (Online abrufbar über die Website des Deutschen Textarchivs)

D*ie Jobsiade* ist das bekannteste Werk des Bochumer Arztes und Dichters Carl Arnold Kortum. Es handelt sich hierbei um die amüsante Lebensbeschreibung des Tunichtgutes Hieronimus Jobs.
Dieser erblickt in der schwäbischen Kleinstadt Schildburg das Licht der Welt. Er ist bereits als Kind ungehorsam und faul. Auch später als Theologiestudent spielt und trinkt der nichtsnutzige Jobs. So scheitert er wenig überraschend an seinem Examen. Daraufhin schlägt er sich als Sekretär, Gesellschafter und Schauspieler durch und besteht allerlei Abenteuer, bis er schließlich Nachtwächter in seiner Heimatstadt wird. Dort wird er als Scheintoter fälschlich begraben, kehrt jedoch lebendig zurück und beginnt erneut das Theologiestudium. Seine Bemühungen sind diesmal von Erfolg gekrönt und Jobs wird mustergültiger Pfarrer. Er beschließt seinen Lebensabend als Ehrendoktor und Herr von Schloss Schönhain, das ihm eine ehemalige Geliebte vermacht hat.

Das komische Heldengedicht ist dabei in sogenannten Knittelversen verfasst und kann als Satire auf das deutsche Studenten- und Kleinstadtleben der damaligen Zeit verstanden werden.
Der erste Teil erschien 1784 unter dem Titel *Leben, Meynungen und Thaten von Hieronimus Jobs, dem Kandidaten.* 1799 folgte dann die erste Gesamtausgabe der *Jobsiade* mit dem Untertitel *Ein komisches Heldengedicht in drei Theilen.* Seitdem wurde das Werk vielfach neu aufgelegt. Im Jahr 1874 inspirierte es schließlich Wilhelm Busch zu einer Bildergeschichte, die unter dem Titel *Bilder zur Jobsiade* veröffentlicht wurde. ◻

★ DER KORTUMBRUNNEN

Der bronzene Brunnen auf dem Husemannplatz wurde 1986 in Erinnerung an Carl Arnold Kortum und dessen bekanntes Werk errichtet. Entwurf und Ausgestaltung übernahm dabei der Bildhauer Karl Ulrich Nuss, welcher eine schicksalhafte Szene aus der *Jobsiade* als Vorlage wählte. Der Brunnen zeigt das beschämende Examen des Theologiestudenten Jobs vor drei gelehrten Professoren: „Die fürchterlichste Stunde seines Lebens“[3], wie es in der *Jobsiade* heißt. Der bronzene Jobs steht dabei in unterwürfiger Haltung am Fuße des Brunnens. Ihm gegenüber thronen die drei Prüfer; zwei davon sichtlich irritiert, der dritte hochaufgerichtet und deklamierend dargestellt. Die aus der *Jobsiade* zitierte Inschrift auf der Brunnenplatte ergänzt die Szene:

„Über diese Antwort des Kandidaten Jobses
Geschah allgemeines Schütteln des Kopfes“

Auf der Rückseite des Brunnens befindet sich eine weitere Figur. Hierbei handelt es sich um die Darstellung des gealterten Jobs, nun als Nachtwächter tätig. Das Nachtwächterhorn in der einen, die Brunnenplatte in der anderen Hand, schleppt er die Begebenheit aus seiner Vergangenheit hinter sich her. ◻

CARL ARNOLD KORTUM

Carl Arnold Kortum wurde 1745 in Mülheim an der Ruhr geboren. Der Sohn eines Apothekers studierte Medizin in Duisburg und ließ sich dann als Arzt im elterlichen Haus nieder. 1770 zog er schließlich nach Bochum und übte seine Profession für mehr als 50 Jahre an diesem Ort aus.

Kortum war umfassend gebildet. So betätigte er sich zeit seines Lebens unter anderem als Botaniker, Lokalhistoriker, Zeichner und nicht zuletzt auch als Dichter. Er war Verfasser der ersten Bochumer Stadtgeschichte und weiterer historischer Darstellungen sowie von unzähligen Gedichten, Satiren und journalistischen Artikeln. Seine Texte schmückte er häufig mit eigenen Skizzen und Zeichnungen. Carl Arnold Kortum verstarb 1824 in Bochum. ◻

WEITERE LITERATUR

- Carl Arnold Kortum: Der Märtyrer der Mode. Eine Geschichte satyrischen Inhalts. Wesel: Röder 1778.
- Carl Arnold Kortum: Nachricht vom ehemaligen und jetzigen Zustande der Stadt Bochum. Jubiläumsnachdruck zum 200jährigen Erscheinen der Erstausgabe. Bochum: Brockmeyer 1990.
- Carl Arnold Kortum: Skizze einer Zeit- und Litteraturgeschichte der Arzneikunst von ihrem Ursprunge an bis zum Anfange des 19. Jahrhunderts. Für Ärzte und Nichtärzte. Mit des Verfassers Portrait. Unna: Hesselmann 1809.

WEITERE INFOS

- Der Kortumbrunnen befindet sich mitten in der Bochumer Innenstadt auf dem Husemannplatz. In unmittelbarer Umgebung lädt eine Vielzahl von Restaurants und Cafés zum Verweilen ein. Darüber hinaus bietet die Bochumer Innenstadt Einkaufsmöglichkeiten verschiedenster Art.
- In fußläufiger Nähe befindet sich außerdem das Bermuda3eck, Bochums Ausgehviertel. Mit über achtzig Restaurants, Clubs und Bars sowie zwei Kinos hält es viele Möglichkeiten bereit, einen vergnüglichen Abend zu verbringen.
- Wer auf den Spuren Carl Arnold Kortums durch die Bochumer Innenstadt wandeln möchte, findet in der Bongardstraße 31 den Standort seines ehemaligen Wohnhauses. Weiterhin erinnert eine Büste in der U-Bahn-Station am Rathaus an den Bochumer Arzt und Dichter. Im Kortumpark an der Wittener Straße lässt sich zudem seine Grabstätte besuchen.

GORDON MEADE:
THE BOTANICAL GARDENS

Der Botanische Garten

LITERATURSTECKBRIEF

ORT
Botanischer Garten der Ruhr-Universität Bochum

ADRESSE
Universitätsstraße 150, 44780 Bochum

KOORDINATEN
51.4420 N 7.2642 E

ÖPNV
Bus 375, Haltestelle Botanischer Garten oder Bahn U35, Haltestelle Ruhr-Universität oder Lennershof

LITERARISCHES WERK
Gordon Meade: Bochum: The Botanical Gardens. In: The Cleaner Fish. Darlington: Arrowhead Press 2006.

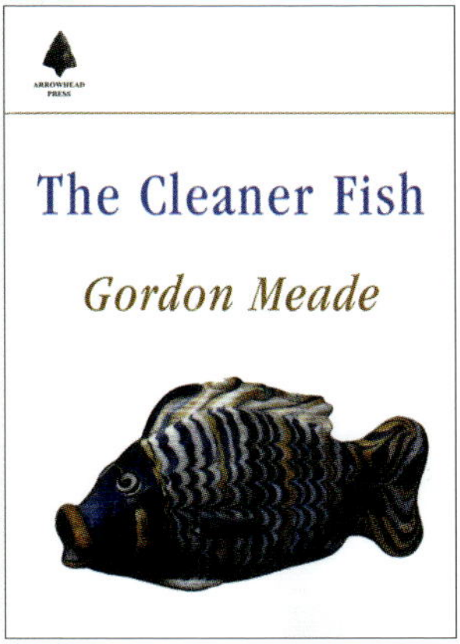

The Cleaner Fish ist eine von bislang neun Gedichtsammlungen, die der schottische Dichter Gordon Meade veröffentlicht hat. Wie die Putzerfische („cleaner fish") im Aquarium im titelgebenden Gedicht, oszillieren auch die anderen Gedichte Meades zwischen natürlicher Umgebung, Kunst und Künstlichkeit, Wasser und Landschaften. Im zweiten Zyklus des Bandes findet sich ein Gedicht, das den Botanischen Garten der Ruhr-Universität Bochum thematisiert. Doktor Dieter Wessels führte Gordon Meade und dessen Begleiter, Professor Stephen Graham von der Universität Newcastle, im Frühsommer 2005 in den Botanischen Garten, während die beiden mit einem „poetry reading" am Englischen Seminar der Universität gastierten. Zum Dank wurde das Gedicht Dieter Wessels gewidmet, als es ein Jahr später erschien. □

★ DER BOTANISCHE GARTEN DER RUHR-UNIVERSITÄT BOCHUM

Schon im Oktober 1966 begannen an der neugegründeten Ruhr-Universität Bochum die Vorarbeiten für einen Botanischen Garten. Der Chinesische Garten nimmt bis heute eine Fläche von etwa 1.000 Quadratmetern ein, die zur Hälfte aus Wasser besteht. Vielleicht lag hier die Faszination für Gordon Meade, denn der Garten nach dem südchinesischen Stil wirke durch seine schlichten Materialien (Naturstein, Holz und Ziegel) so, als sei die Natur der Baumeister selbst, heißt es in der Broschüre der Universität. Dabei ist der Garten auch schon ohne das Zutun des Schotten ein literarischer Ort. Gewidmet ist er nämlich dem chinesischen Schriftsteller Tao Qian (365–427 n. Chr.), der Ideen vom Leben im Einklang von Mensch und Natur verbreitete. So ist es nicht weiter verwunderlich, dass Gordon Meade die Reise durch die Klimazonen des Botanischen Gartens so beschreibt, als hätte der Wandernde kein anderes Ziel, als endlich den Tempel im Chinesischen Garten zu erreichen:

„We have been led in and out
of every imaginable landscape;

trekked through tundra, clambered over
alps, navigated coastlines, and plunged,
wet-shirted, into jungles, to reach
this place of contradiction – an oriental
temple in the heart of the West

where water talks to water
about the softness of rock.“[4] ◻

GORDON MEADE

Der schottische Dichter Gordon Meade (Jahrgang 1957) teilt bereits seit den 2000er Jahren seine Arbeitszeit. Die eine Hälfte investiert er in das Schreiben der eigenen Gedichte. In der anderen Hälfte leitet er Schreibschul-Workshops für alle Altersklassen in Tageseinrichtungen und Krankenhäusern, aber auch an Universitäten in Deutschland, Belgien und Luxemburg. Inzwischen lebt der studierte Anglist nach einem kurzen Intermezzo in London wieder in der Grafschaft Fife in Schottland. ◻

WEITERE LITERATUR

- Gordon Meade: The Singing Seals. Edinburgh: Chapman Publishing 1991.
- Gordon Meade: A Man at Sea. Edinburgh: Diehard Press 2003.
- Gordon Meade: The Year of the Crab. Rochester: Cultured Llama Publishing 2017.

WEITERE INFOS

- Der Eintritt sowohl für den Botanischen als auch für den Chinesischen Garten ist frei. Das gilt auch für die Gewächshäuser.
- Da der Botanische Garten an die Ruhr-Universität angrenzt, lockt der Campus mit seinen zahlreichen Bibliotheken und Gastronomien – darunter Mensen, Cafeterien und Cafés. Auf der anderen Seite der Universität liegt das Uni-Center, das Einkaufsmöglichkeiten für den täglichen Bedarf und weitere Restaurants bietet. Dort befindet sich außerdem das Hallenbad Querenburg, das neben den gängigen Becken und Sprungtürmen auch über einen Saunabereich verfügt.
- Zahlreiche literarische Schauplätze finden sich auf dem Gelände der Ruhr-Universität. Für weitere Informationen empfehlen wir einen Besuch auf der *Literaturkarte.Ruhr.*

DIRK SONDERMANN: DAS GROSSE BOCHUMER SAGENBUCH

Die Ruhr-Universität

LITERATURSTECKBRIEF

ORT
Ruhr-Universität Bochum

ADRESSE
Universitätsstraße 150,
44780 Bochum

KOORDINATEN
51.4428 N 7.2584 E

ÖPNV
Bahn U35 oder diverse Busse,
Haltestelle Ruhr-Universität

LITERARISCHES WERK
Dirk Sondermann: Das große Bochumer Sagenbuch. Essen: Peter Pomp 1994.

Das *Bochumer Sagenbuch* ist die erste Sagensammlung für den Raum Bochum. Sie umfasst Erzählungen zu allen Stadtteilen und vielen historischen Gebäuden, Ereignissen sowie landschaftlichen Merkmalen Bochums. Ausgehend von verschiedenen schriftlichen Quellen hat Dirk Sondermann auch mündliche Erzählungen in sein Werk einfließen lassen. So lassen sich auch für bereits sehr „sagenfeste" Bochumer*innen noch neue Geschichten in diesem Band finden. Neben früheren Sagen führt Sondermann in einem eigenen Kapitel auch solche von heute an, unter anderem die Sage *Der ewige Student*, deren Titelheld an der Ruhr-Universität Bochum seine Dissertation schreiben will. Da er allerdings immer den neuesten Forschungsstand berücksichtigen möchte, wird diese niemals fertig. Inzwischen wohnungslos, übernachtet der ewige Student in verschiedenen Räumlichkeiten der Gebäude der Geisteswissenschaften an der Ruhr-Universität, kurz G-Reihe genannt. Aus Angst entdeckt zu werden, fühlt er sich erst sicher, wenn der Unibetrieb in vollem Gang ist. Auch wenn ihn noch nie jemand wirklich gesehen hat, wird er mit langen Haaren, ungepflegter Kleidung und einer Nickelbrille beschrieben. ◻

★ DIE RUHR-UNIVERSITÄT BOCHUM

Die Ruhr-Universität Bochum, kurz RUB, wurde 1965 als erste Universität im Ruhrgebiet gegründet. Auf dem ca. viereinhalb Quadratkilometer großen Campus sind heute 20 Fakultäten vertreten, in denen insgesamt über 42.000 Studierende eingeschrieben sind (Stand: Wintersemester 2016/2017). Neben ihrer Funktion als wissensvermittelnde Institution ist die RUB auch ein literarisch bedeutsamer Ort, sowohl für die hier angegebene Sage vom ewigen Studenten, der in den Gebäuden der G-Reihe „spuken" soll, als auch in den Romanen *liegen lernen* und *Pokorny lacht* von Frank Goosen. Nicht nur die *Literaturkarte.Ruhr* hat also ihre Wurzeln an der RUB. ◻

DIRK SONDERMANN

Der in Hattingen lebende Autor wurde 1960 in Bochum geboren. Neben seiner schriftstellerischen Tätigkeit ist er Diplom-Theologe und Inhaber eines Gartenbaubetriebs in Hattingen. Seine Forschung und Sammlung verschiedener Sagen aus dem Ruhrgebiet zeichnet sich vor allem durch die vielen Hintergrundinformationen und Geodaten zu den aufgeführten Orten aus. Er gründete im Jahr 2009 das IEFR, das Institut für Erzählforschung im Ruhrgebiet. Das dortige Projekt *Sagenhaftes Ruhrgebiet* wurde von „RUHR.2010 – Kulturhauptstadt Europas" gefördert. Neben dem hier beschriebenen Bochumer Sagenbuch hat Sondermann außerdem die Sagen zu Wattenscheid und Hattingen sowie Lippe-, Ruhr- und Emschergegend gesammelt. ◻

WEITERE LITERATUR

- Hartmut El Kurdi: Als die Kohle noch verzaubert war. Die schönsten Sagen aus dem Ruhrgebiet. Ausgewählt von Dirk Sondermann. Essen: Klartext Verlag 2018.
- Dirk Sondermann: Ruhrsagen. Von Ruhrort bis Ruhrkopf. Bottrop: Henselowsky Boschmann 2005.
- Dirk Sondermann: Emschersagen. Von der Mündung bis zur Quelle. Bottrop: Henselowsky Boschmann 2006.

Die Ruhr-Universität

WEITERE INFOS

- Der weitläufige Campus der Ruhr-Universität Bochum lädt zu Spaziergängen ein.
- Zentral auf dem Campus, im Untergeschoss der Universitätsbibliothek, befindet sich auch die Kunstsammlung der RUB.
- Es sind noch zahlreiche weitere literarische Orte auf dem Universitätsgelände vorhanden, besonders im Bereich der G-Reihe. Hier sind auch verschiedene Institutionen verortet, wie beispielsweise die Literarische Gesellschaft Bochum, der Blog „Literatur und Feuilleton" und natürlich die *Literaturkarte.Ruhr.*
- Ebenfalls in Fußnähe befinden sich der Botanische Garten der Ruhr-Universität, die Universitätsbibliothek und das Uni-Center. Dort ist unter anderem das Boskop-Kulturbüro, wo der Essener Autor Marc Degens eine Abneigung gegenüber Schreibschulen entwickelte.

RALF ROTHMANN: MILCH UND KOHLE

Das Amphitheater auf Halde Haniel

LITERATURSTECKBRIEF

ORT
Halde Haniel

ADRESSE
Fernewaldstraße,
46242 Bottrop

KOORDINATEN
51.550491 N 6.876655 E

ÖPNV
Bus 262, Haltestelle Zeche Franz Haniel
oder Bus 976, Haltestelle Kleekamp

LITERARISCHES WERK
Ralf Rothmann: Milch und Kohle.
Frankfurt/M.: Suhrkamp 2000.

Milch und Kohle betrachtet das Leben einer Arbeiterfamilie im Ruhrgebiet. Nach 25 Jahren kehrt der erfolgreiche Autor Simon in seine Heimat Oberhausen zurück. Seine Mutter, zu der er in seiner Kindheit und Jugend eine besonders intensive Beziehung hatte, liegt im Sterben. Beim Anblick der alten Familienwohnung verfällt das erzählende Ich in Erinnerungen an seine Jugend in den 1960er Jahren. Diese war selten rosig und bei seinen Rückblicken steht der ironische Satz: „Wir hatten ja auch gute Jahre“[5] im Vordergrund. Der Roman besticht durch seine brutale Ehrlichkeit. Auch unschöne Geschehnisse wie das In-die-Hose-machen des nervenkranken Bruders werden beschrieben. Themen wie ständige Geldknappheit, Alkoholismus, Gewalt in der Familie und sexuelle Belästigungen spart Rothmann nicht aus. Ebenso ausführlich schildert er winzige Szenen ohne Bedeutung wie den hasserfüllten Blick des Wellensittichs oder das Tanzen eines fallengelassenen Regenschirms im Wind unter einer Autobahnbrücke. Diese bildhaften Einblicke in das Alltagsleben machen das Werk zu einer sprachlichen Meisterleistung. ◻

★ DIE HALDE HANIEL

In *Milch und Kohle* versucht Simon im Kindesalter auf der Halde zehn Mark zu verstecken, denn er weiß, dass seine Mutter für Zigaretten, Kaffee und Nylonstrümpfe sogar ihre eigenen Kinder bestiehlt. Dieses kleine Vermögen hat ihm sein Vater geschenkt, damit er lernt zu sparen. Als der Vater Simon nach dem Geld fragt, weil er wissen möchte, ob der Sohn es sinnlos ausgegeben hat, rennt Simon zur Halde. Er kann sein Versteck jedoch nicht mehr finden. Enttäuscht schenkt ihm sein Vater nie wieder Geld.
Die Halde Haniel liegt in einer Höhe von 185 Metern über dem Meeresspiegel und ist damit die höchste begehbare Halde des Ruhrgebiets. Sie entstand aus dem Bergematerial der Zeche Prosper-Haniel und bietet Besucher*innen eine riesige begehbare Fläche. In den 1990er Jahren wurde sie zu einer religiösen Attraktion. An einem eigens für diesen Zweck angefertigten Altar hielt Papst Johannes Paul II auf der Halde eine Messe. Seitdem ist sie Pilgerort für tausende Gläubige zum Karfreitag. Der Weg zur Spitze des Gipfels wird begleitet durch einen Kreuzweg mit Zeichnungen von Tisa von der Schulenburg und traditionellen Werkzeugen des Bergbaus. Auf dem Plateau wurde 1999 das Amphitheater Bergarena eröffnet. Dort finden jeden Sommer Freilichtinszenierungen statt. Im Rahmen der Ruhrtriennale wurden 2002 von Agustín Ibarrola über 100 bemalte Bahnschwellen am Saum der Halde senkrecht aufgestellt. □

RALF ROTHMANN

Ralf Rothmann ist einer der bekanntesten Autoren, die über das Arbeiterleben im Ruhrgebiet schreiben. In Schlesien wurde er 1953 geboren und wuchs in Oberhausen als Sohn eines Bergmanns auf. Seine Maurerlehre brach er ab und hielt sich mit verschiedenen Jobs über Wasser. Mit 31 Jahren veröffentlichte er sein erstes Werk, für das er das Märkische Stipendium für Literatur erhielt. Seine Romane spiegeln seine kleinbürgerliche Vergangenheit wider und zeichnen sich durch einen ungeschönten, kritischen Blick auf das Arbeiterleben aus. Seit 1976 lebt Rothmann in Berlin. Bisher wurde er mit 20 namhaften Literaturpreisen ausgezeichnet, 2015 lehnte er trotz der Bitte der Jury seine Nominierung für den Deutschen Buchpreis ab, da ihm die Prozedur als zu aufwendig erschien. □

Halde Haniel

WEITERE LITERATUR

- Ralf Rothmann: Flieh, mein Freund. Frankfurt/M.: Suhrkamp 1998.
- Ralf Rothmann: Junges Licht. Frankfurt/M.: Suhrkamp 2004.
- Ralf Rothmann: Reh am Meer. Erzählungen. Frankfurt/M.: Suhrkamp 2006.

WEITERE INFOS

- Die Halde liegt am Rande von Bottrop direkt an der Stadtgrenze zu Oberhausen. Allein für den Ausblick bis nach Essen und Herten lohnt sich der halbstündige Spaziergang bis zur Spitze. Das Kunstwerk *Totem* von Agustín Ibarrola bietet zusätzliche spannende Motive für alle Freund*innen der Fotografie.
- In direkter Nachbarschaft grenzt die Halde Schöttelheide an. Sie umfasst bereits über 60 Hektar und wird täglich erweitert. Auch für sie sind Spazierwege und andere Freizeitnutzungen in Planung.
- Die Zeche Jacobi in Oberhausen wurde für Rothmann ebenfalls zum literarischen Schauplatz. Der Vater des Protagonisten in *Junges Licht* arbeitet dort unter Tage. Die Zeche ist fünf Kilometer von der Zeche Haniel entfernt und ihr Gelände wird heute als Golfplatz genutzt.
- In direkter Nachbarschaft liegt die Zeche Prosper-Haniel, das letzte aktive Steinkohlen-Bergwerk des Ruhrgebiets, dessen letzte Schicht für 2018 beschlossen wurde.

HANNS DIETER HÜSCH: DAS KLEINE WEIHNACHTSBUCH

Die Neustraße in Dinslaken

LITERATURSTECKBRIEF

ORT
Dinslakener Neustraße

ADRESSE
Neustraße 3,
46535 Dinslaken

KOORDINATEN
51.56315 N 6.73918 E

ÖPNV
Bahn 903, Haltestelle Neustraße oder diverse Busse, Haltestelle Neutor

LITERARISCHES WERK
Hanns Dieter Hüsch: Das kleine Weihnachtsbuch. Düsseldorf: tvd 2014.

Die Magie der Weihnachtszeit wird von Hanns Dieter Hüsch im *Kleinen Weihnachtsbuch* auf einer ganz persönlichen Ebene beschrieben. Gedichte und Erzählungen verbinden die biblische Geschichte von Jesu Geburt mit Erlebnissen des Autors in der schönsten Zeit des Jahres. Mal ernst und feierlich, mal lustig und fast schon wundersam erscheinen die Texte. Denn wer kann schon behaupten, mit Gott einen Kaffee getrunken zu haben? Genau dies widerfährt dem Erzähler in der Dinslakener Neustraße in einem Stehcafé. Dort berichtet er dem himmlischen Vater von seinem Gefühl, verfolgt zu werden. Ob es wohl ein Schutzengel ist, auch wenn er keine Flügel hat? Und warum sollte ein Engel immer einen Hund dabei haben? Darauf hat nicht einmal Gott eine Antwort und lässt nicht nur den Erzähler, sondern auch die Leser*innen mit gemischten Gefühlen zurück. Die kurzen Texte sind in der hektischen Vorweihnachtszeit eine ideale, belustigende und besinnliche Auszeit. Begleitet werden die Texte von Bildern des Malers Marc Chagall. □

★ DIE DINSLAKENER NEUSTRASSE

Die Neustraße in Dinslaken ist eine typische Einkaufsstraße mit vielen unterschiedlichen Geschäften. Dort geht es in der Vorweihnachtszeit hektisch und nicht besonders besinnlich zu. Genau hier, in einem kleinen Stehcafé, siedelt Hüsch nun das Zusammentreffen von seinem Erzähler und Gott an. Ein eher ungewöhnlicher Ort, um auf den Allmächtigen zu treffen. Aber einer kurzen Auszeit vom weihnachtlichen Einkaufsbummel kann sich wohl nicht mal Gott höchstpersönlich entziehen. ◻

HANNS DIETER HÜSCH

Hanns Dieter Hüsch (1925–2005) wurde im niederrheinischen Moers geboren und studierte in Mainz Theaterwissenschaft, Literaturgeschichte und Philosophie. Bereits während seines Studiums begann er, literarische Texte zu schreiben. Auch als Kabarettist trat er auf und machte in diesem Bereich schließlich ohne Studienabschluss Karriere. Er schaute auf die Gesellschaft und verarbeitete seine Beobachtungen in seinen literarischen und kabarettistischen Werken. Außerdem war Hüsch als Schauspieler, Liedermacher, Synchronsprecher und Rundfunkmoderator tätig. Nach einem Schlaganfall im Jahr 2001 konnte Hüsch seine Arbeit nicht weiter fortführen. Gleichwohl gilt er in Deutschland mit über 53 Jahren Bühnenerfahrung und 70 eigenen Programmen als einer der erfolgreichsten und produktivsten literarischen Kabarettisten des 20. Jahrhunderts. ◻

Weitere Informationen zum Autor unter www.hannsdieterhuesch.de.

WEITERE LITERATUR

- Martin Buchholz: Was machen wir hinterher? Hanns Dieter Hüsch – Bekenntnisse eines Kabarettisten. Moers: Brendow 2000.
- Hanns Dieter Hüsch: Wir sehen uns wieder. Geschichten zwischen Himmel und Erde. München: Kindler 1995.
- Hanns Dieter Hüsch: Ich möcht ein Clown sein. Hrsg. v. Jürgen Wichmann. Düsseldorf: tvd 2002.

Die Neustraße

WEITERE INFOS

- Die Neustraße bietet mit ihren zahlreichen Geschäften eine gute Gelegenheit für einen ausgiebigen Einkaufsbummel.
- Am Rande des Stadtparks – nur wenige Gehminuten entfernt – befindet sich das Theodor-Heuss-Gymnasium, das auch der Autor Hans-Joachim Helmich besuchte.
- Ebenfalls einen Besuch wert sind die Burg Dinslaken mit dem Burgtheater, das Museum Voswinckelshof sowie die Trabrennbahn Dinslaken, die in der Nähe der Innenstadt liegen.

MAX VON DER GRÜN: STELLENWEISE GLATTEIS

Der Hammerkopfturm

LITERATURSTECKBRIEF

ORT
Zeche Minister Stein

ADRESSE
Deutsche Straße 5,
44339 Dortmund

KOORDINATEN
51.54683 N 7.46429 E

ÖPNV
Bahn U41,
Haltestelle Zeche Minister Stein

LITERARISCHES WERK
Max von der Grün: Stellenweise Glatteis.
Darmstadt: Luchterhand 1973.

Karl Maiwald, die Hauptfigur in Max von der Grüns Roman *Stellenweise Glatteis,* arbeitet als Lkw-Fahrer in einem Chemiewerk im Dortmunder Hafen. Als sich sein gesundheitlicher Zustand verschlechtert, wird er als Kfz-Schlosser in die firmeneigene Werkstatt versetzt, da ihm als Mitglied des Betriebsrats nicht einfach gekündigt werden kann. Dort arbeitet er engagiert und kann sogar Verbesserungsvorschläge einbringen. Nachdem einer seiner Vorschläge deutschlandweit in den Standorten der Firma Umsetzung gefunden hat, wird er in das Büro der Betriebsleitung gerufen, um sich dort einen Belohnungsscheck abzuholen. Während er alleine im Vorzimmer wartet, entdeckt er auf dem Schreibtisch der Chefsekretärin ein kleines Gerät, das seine Neugier weckt. Entsetzt stellt er fest: Mit diesem Gerät werden die privaten Gespräche der Mitarbeiter*innen belauscht. Ein handfester Skandal! Zusammen mit seinem Kollegen Franz, der Kneipenbekanntschaft Martin und seiner Tochter Karin bricht er eines Nachts in die Firma ein, um die Gesprächsabschriften sicherzustellen. Auf dem Heimweg nach Dortmund-Eving treffen sich die vier auf dem Parkplatz der Zeche Minister Stein, um das weitere Vorgehen zu besprechen. ◻

★ DIE ZECHE MINISTER STEIN

Auf Zeche Minister Stein (benannt nach dem preußischen Staatsmann Heinrich Friedrich Karl vom und zum Stein) wurden zwischen 1875 und 1987 bis zu 2,2 Millionen Tonnen Steinkohle pro Jahr gefördert. Zu Spitzenzeiten waren hier über 5.000 Mitarbeiter*innen beschäftigt. Nachdem die Stilllegung 1986 beschlossen wurde, erfolgte sie bereits ein Jahr später. Die ehemalige Zeche hat ihren Standort im Dortmunder Stadtteil Eving. Auf dem Gelände findet sich heute noch der charakteristische Hammerkopfturm, der bereits aus der Ferne zu sehen ist. Die meisten anderen Gebäude sind heute einem Einkaufszentrum und einer Großraumdisco gewichen.[6] ◻

MAX VON DER GRÜN

Max von der Grün (1926–2005) war ein in Bayreuth geborener Schriftsteller. Seine Romane finden ihre Schauplätze häufig an seinem späteren Wohnort Dortmund. Er thematisierte immer wieder Aspekte der Arbeiterwelt, beispielsweise die Gefahren des Bergbaus (*Männer in zweifacher Nacht*), aber auch gesellschaftliche Themen fanden den Weg in sein Werk. So behandeln die Romane *Springflut* und *Flächenbrand* zunehmende nationalistische und fremdenfeindliche Tendenzen in der deutschen Bevölkerung der 1970er und 1980er Jahre. Zusammen mit dem Dortmunder Bibliothekar Fritz Hüser gehörte von der Grün zu den Gründern der Dortmunder Gruppe 61, welche sich die schriftstellerische Auseinandersetzung mit Themen der Arbeitswelt auf die Fahnen geschrieben hatte.[7] ◻

Weitere Informationen zum Autor unter www.maxvondergruen.de.

WEITERE LITERATUR

- Max von der Grün: Männer in zweifacher Nacht. Recklinghausen: Paulus 1962.
- Max von der Grün: Flächenbrand. Darmstadt: Luchterhand 1979.
- Max von der Grün: Springflut. Frankfurt/M.: Luchterhand 1990.

WEITERE INFOS

- Die Zeche Minister Stein ist besonders für (Hobby-)Fotograf*innen ein lohnenswertes Ziel, da sich je nach Sonnenstand und Licht durch den Hammerkopfturm und die Glasfassade des angrenzenden Gebäudes wunderschöne Motive bieten.
- Außerdem ist die Zeche mit der U-Bahnlinie 41 nur wenige Minuten vom Dortmunder Hauptbahnhof und somit der Innenstadt mit weiteren besuchenswerten Zielen entfernt:
  - Auf der Rückseite des Hauptbahnhofs kann man mit der Steinwache einen weiteren literarischen und geschichtsträchtigen Ort des Ruhrgebiets besuchen (Siehe S. 44).
  - Ebenfalls in unmittelbarer Nähe des Bahnhofs, in der Hansastraße 3, befindet sich das Museum für Kunst und Kulturgeschichte.
  - Wer die klassische Atmosphäre einer Bar und Livemusik zu schätzen weiß, sollte „das domicil" in der Hansastraße 7–11 besuchen.
  - Gemütlich wird es in der „Flayva Coffee and Tea Lounge" in der Hansastraße 30 bei unterschiedlichsten Kaffeesorten und einem leckeren Brownie.
- Ferner hat die Dortmunder Innenstadt viele literarische Orte zu bieten, darunter Schauplätze aus den Romanen Max von der Grüns. Für weitergehende Informationen empfehlen wir einen Besuch auf der *Literaturkarte.Ruhr.*

SASCHA PRANSCHKE, SARAH MEYER-DIETRICH UND KATHRIN OERTERS (HRSG.): ENDSTATION EMSCHER

Die Emscherbrücke

LITERATURSTECKBRIEF

ORT
Emscher-Brücke am Phönix-See
ADRESSE
Hörder Hafenstraße 3,
44263 Dortmund
KOORDINATEN
51.4919 N 7.5091 E
ÖPNV
Bahnen RE57, RB53, RB59 und U41, Haltestelle Hörde Bahnhof, oder Bus 445, Haltestelle Am Kai
LITERARISCHES WERK
Sascha Pranschke u.a. (Hrsg.): Endstation Emscher. Zwei Hellweg-Krimis. Essen: Klartext Verlag 2015.

Das Gesamtwerk *Endstation Emscher* besteht aus zwei literarischen Texten, einem Prosakrimi und einem Theaterkrimi. Entstanden sind beide Werke in Schreibprojekten, die zur Projektfamilie *FlussLandStadt. Eure Heimat. Euer Roman* gehören. Beide Projekte fanden im Herbst 2014 statt. Die teilnehmenden Jugendlichen, im Fall des Theaterkrimis eine Kooperation von deutschen und russischen Jugendlichen, wurden von verschiedenen Betreuer*innen begleitet und unterstützt.
Im ersten Werk, *Endstation Emscher,* geht es um die Aufklärung des Todes eines Jugendlichen. Der 17-jährige Miroslav wird nach einer stürmischen Nacht unter der Emscherbrücke direkt am Dortmunder Phönix-See gefunden. Weil Miroslav in der Sprayerszene aktiv war und sich dort mit seinen Freunden gefährlichen Mutproben unterzog, stellt sich auch die Frage, ob sein Tod ein Unfall oder Mord war. Miroslav hatte sich schon immer zur Emscher hingezogen gefühlt. Er führte einen Blog namens Ambiscara, ein früherer Name der Emscher, der auf ihre Wandelbarkeit verweist. Normalerweise ist die Emscher ein kleiner Bach,

bei Starkregen oder Sturm kann sie allerdings zu einem starken Strom anschwellen. Die Auflösung des tragischen Todesfalls bringt letztlich Miroslavs Tagebuch, das die Ermittler*innen den Eltern überbringen müssen.
Im als Theaterstück geschriebenen Krimi *Между нами – Zwischen uns* findet die Protagonistin Ella auf dem Dachboden ihrer Großmutter einen alten Koffer mit Liebesbriefen, Fotos, einer Waffe und Geld. Als sie keine Antworten auf ihre Fragen bekommt, beginnt sie selbst Nachforschungen anzustellen. Sie schreibt der russischen Adresse auf den Briefen und erhält Antwort – von Ilja. Gemeinsam lösen sie die komplexen Verstrickungen. Sowohl die Emscher, ein zentraler Ort für Ella, als auch die Katze Barcelona, die bei Ilja wohnt, werden dabei zu Berater*innen. ◻

★ DIE EMSCHER-BRÜCKE AM PHÖNIX SEE

Wenn man die Geschichte um den Leichenfund ausblendet, liegt der Phönix-See geradezu idyllisch. Der 2011 eröffnete Phönix-See, ein künstlich angelegter See in Dortmund-Hörde, liegt auf dem Gelände des ehemaligen Stahlwerkareals Phoenix-Ost. Der Rundweg um den See ist über drei Kilometer lang und zieht zahlreiche Spaziergänger*innen und Sportbegeisterte an. Um das neue Naherholungszentrum ist stetig weiter gebaut worden. Heute existieren dort neben privaten Wohneinheiten auch verschiedene Firmensitze sowie ein reger Gastronomiebetrieb. Durch die parallel am Nordufer des Sees entlanglaufende Emscher treten hier zwei verschiedene Wasserbiotope auf – das Fließgewässer der Emscher und das Stillgewässer des Phönix-Sees. Dies sorgt für eine variantenreiche Flora und Fauna, die sich rund um den Phönix-See und entlang der Emscher etabliert hat. ◻

WEITERE LITERATUR

- Inge Meyer-Dietrich u.a. (Hrsg.): Stromabwärts. Ein Emscher-Roadmovie. Essen: Klartext Verlag 2013.
- Sarah Meyer-Dietrich u.a. (Hrsg.): Grenzgänger. Ein Ruhrpott-Roadmovie. Essen: Klartext Verlag 2014.
- Sarah Meyer-Dietrich und Sascha Pranschke (Hrsg.): Emschererwachen. Ein Urban-Fantasy-Roman. Essen: Klartext Verlag 2015.

Der Phönix-See

WEITERE INFOS

- Der Phönix-See lädt besonders an sonnigen Tagen zum Spazierengehen und Verweilen ein.
- Nur ein paar Minuten zu Fuß vom Phönix-See entfernt liegt das Stiftsforum Hörde, das einen literarischen Auftritt in Andreas Pyrchallas *Hallo. Hier ist Ulli Potofski* von 2011 hat. Erschienen ist der Text in *1904 Geschichten. Mit Schalke is wie wennze fliechs,* herausgegeben von Matthias Berghöfer.
- Ebenfalls in Fußnähe befinden sich der Dortmunder Westfalenpark sowie der Phönix-Park.

BENJAMIN VON STUCKRAD-BARRE: FESTWERTSPEICHER DER KONTROLLGESELLSCHAFT

Gedenktafel an der Steinwache

LITERATURSTECKBRIEF

ORT
Mahn- und Gedenkstätte Steinwache

ADRESSE
Steinstraße 50,
44147 Dortmund

KOORDINATEN
51.51960 N 7.46075 E

ÖPNV
vom Hauptbahnhof Dortmund fußläufig zu erreichen

LITERARISCHES WERK
Benjamin von Stuckrad-Barre:
Festwertspeicher der Kontrollgesellschaft. Remix 2.
Köln: Kiepenheuer & Witsch 2004.

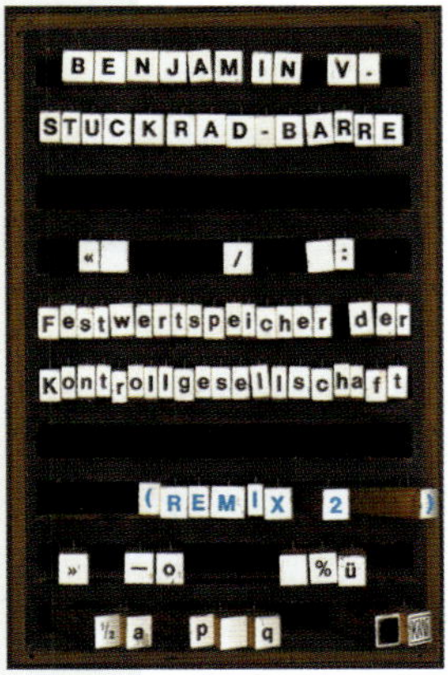

Festwertspeicher der Kontrollgesellschaft ist eine Sammlung von kurzen Texten unterschiedlicher Art. Neben Tagebucheinträgen gibt es Reportagen, aber auch Erzählungen zu entdecken. Im hinteren Teil des Buches befindet sich die Textsammlung *Ich war hier. Eine Spurensicherung.* In dieser dokumentiert Stuckrad-Barre die Arbeit an seinem gleichnamigen Dokumentarfilm für den Norddeutschen Rundfunk.

Stuckrad-Barre geht der Frage auf den Grund, auf welche Art und Weise Menschen ihre Anwesenheit an verschiedenen Orten dokumentieren. Hierfür durchforstet er Gästebücher in Museen, Gedenkstätten und Hotels und betrachtet Graffiti und Schmierereien an Toilettenwänden, Bushaltestellen und in Parkhäusern. Im Buch werden diese Fundstücke aufbereitet und wiedergegeben. ◻

★ DIE MAHN- UND GEDENKSTÄTTE STEINWACHE

In der Dortmunder Steinwache wird Stuckrad-Barre gleich doppelt fündig. Zum einen dokumentiert er die Inschriften, die Gefangene an den Zellenwänden hinterlassen haben („Ich bin am 27.9.42 nach Deutschland gekommen. Ich habe im Lager als Ärztin gearbeitet. In das Gefängnis bin ich durch eine Denunziation geraten"), zum anderen die von den Besucher*innen hinterlassenen Gästebucheinträge.
Die Steinwache war zu Beginn des 20. Jahrhunderts eine Polizeiwache, die im Laufe der Zeit unter anderem um ein Gefängnis erweitert wurde. Während der Zeit des Nationalsozialismus nutzte die Gestapo die Steinwache, da ihre eigenen Räumlichkeiten für die hohe Anzahl an politischen Häftlingen nicht mehr ausreichte. Auch die Steinwache war seit 1933 permanent überbelegt.
Neben politischen Gefangenen wurden vor allem jüdische Bürger*innen in der Steinwache inhaftiert. Folter und Geständniserpressung waren an der Tagesordnung. Während dieser zwölf Jahre waren in der Steinwache – bei einer Kapazität von zeitgleich höchstens 180 Gefangenen insgesamt – mehr als 66.000 Menschen inhaftiert. Für sie war die Steinwache oft nur eine Durchgangsstation ins Konzentrationslager.
Heute wird in der Steinwache die Dauerausstellung *Widerstand und Verfolgung in Dortmund 1933–1945* gezeigt. In zahlreichen ehemaligen Zellen wird die Geschichte des Nationalsozialismus in Dortmund auf fünf Stockwerken aufbereitet. Neben den Foto- und Textdokumenten sind vor allem die wiederhergestellten Räumlichkeiten der Steinwache eindrucksvoll. So kann man beispielsweise eine Isolations- oder eine Folterzelle betreten. Darüber hinaus gibt es die sogenannte Inschriftenzelle, der Benjamin von Stuckrad-Barre die Zelleninschriften der Inhaftierten für Film und Buch entnommen hat. ◻

BENJAMIN VON STUCKRAD-BARRE

Benjamin von Stuckrad-Barre ist ein 1975 in Bremen geborener Autor. Bekanntheit erlangte er 1998 mit seinem Roman *Soloalbum*. Es folgten zahlreiche weitere Romane und Anthologien, zuletzt seine 2018 bei Kiepenheuer und Witsch erschienene Fortsetzung der Remix-Textsammlungen *Ich glaub, mir geht's nicht so gut, ich muss mich mal irgendwo hinlegen.*[8] ◻

Weitere Informationen zum Autor unter www.stuckradbarre.de.[8]

WEITERE LITERATUR

- Benjamin von Stuckrad-Barre: Soloalbum. Köln: Kiepenheuer & Witsch 1998.
- Benjamin von Stuckrad-Barre: Panikherz. Köln: Kiepenheuer & Witsch 2016.
- Benjamin von Stuckrad-Barre: Ich glaub, mir geht's nicht so gut, ich muss mich mal irgendwo hinlegen. Remix 3. Köln: Kiepenheuer & Witsch 2018.

WEITERE INFOS

- Die Mahn- und Gedenkstätte Steinwache hat Dienstag bis Sonntag von 10 bis 17 Uhr geöffnet. Der Eintritt ist frei. Führungen sind möglich, müssen allerdings angemeldet werden. Direkt vor dem Eingang der Steinwache wurde ein Mahnmal für die Opfer des NSU-Terrors errichtet.
- Ebenfalls in unmittelbarer Nähe des Bahnhofs, in der Hansastraße 3, befindet sich das Museum für Kunst und Kulturgeschichte. Dieses verspricht gleich fünf Museen in einem Haus und eine Zeitreise von der Prähistorie bis in die Gegenwart.
- Wenige Gehminuten von der Steinwache entfernt steht ein ikonisches Dortmunder Gebäude: Das Dortmunder U, welches bereits auf der *Literaturkarte.Ruhr* vertreten ist und das Museum Ostwall beherbergt, in dem Kunstwerke des 20. und 21. Jahrhunderts ausgestellt werden.
- Wer nach den Museumsbesuchen Lust auf Kaffee und Kuchen verspürt, sollte Station im „Café Köhler" machen: Diese traditionelle Konditorei sitzt in der Wißstraße 26–28.
- Ferner hat die Dortmunder Innenstadt viele spannende, literarische Orte zu bieten. Für weitergehende Informationen empfehlen wir einen Besuch auf der *Literaturkarte.Ruhr.*

JOSEPH ROTH: DER HAFEN VON RUHRORT

Am Hafen

LITERATURSTECKBRIEF

ORT
Ruhrorter Häfen

ADRESSE
Alte Duisburger Straße 14,
47119 Duisburg

KOORDINATEN
51.4521 N 6.7422 E

ÖPNV
Bahn 901, Haltestelle Karlstraße

LITERARISCHES WERK
Joseph Roth: Der Hafen von Ruhrort.
In: Die Ruhrprovinz – das Land der Städte.
Hrsg. v. Erhard Schütz. Köln: Bund-Verlag 1987,
S. 310–313.

Nur wenige Gegenden in Deutschland sind so geprägt von Vorurteilen und Klischees wie das Ruhrgebiet. Den Ruhrpott kann man als Mischung aus miteinander verschmolzenen Dörfern oder als endlose Vorstadt sehen. Eher als eine Metropole ist er das, was Erhard Schütz treffend „das Land der Städte" genannt hat. Die Anthologie *Die Ruhrprovinz* ist so vielfältig wie die Meinungen, die sich Autor*innen im Lauf der Jahre über das Ballungsgebiet an der Ruhr gebildet haben. Die Reportagen, Berichte und andere literarischen Beschreibungen des Ruhrgebiets stammen dabei nicht nur von Menschen, die hier ihre Heimat haben, sondern auch von Auswärtigen, die in verschiedenen Krisenzeiten, Entwicklungsschüben und Hochkonjunkturen das einzigartige Gebiet besucht haben. Die Sammlung bietet ein facettenreiches Porträt des Ruhrgebiets und seiner historischen, geografischen und sozialen Aspekte. Neben Arbeiterleben, Kohleabbau und Arbeiterbewegungen sind aber auch die kulturellen Aspekte und sozialen Treffpunkte im Blick der Autor*innen.

Ihre sehr persönlichen Eindrücke zu verschiedenen wichtigen sozialen, historischen und ökonomischen Knotenpunkten spiegeln Faszination und Flair des zeitgenössischen Ruhrgebiets wider. So auch bei Joseph Roths *Der Hafen von Ruhrort*. Das beständige Treiben des Binnenhafens und das Ineinandergreifen des Verkehrs zu Lande und zu Wasser beschreibt er in einem fast melancholischen Text voller Bewunderung. So entführt er seine Leser in das geschäftige Treiben von Ruhrort und seinem Hafen am Ende der 1920er Jahre. □

★ DIE RUHRORTER HÄFEN

Der Stadtteil Ruhrort liegt am Zusammenschluss von Rhein und Ruhr auf der rechtsrheinischen Seite. 2016 zählte der Stadtteil etwas mehr als 5.600 Bewohner. Im 14. Jahrhundert wurde die Siedlung als Zollstelle gegründet und erhielt 1551 den Stadtstatus. Aufgrund der Lage war und ist bis heute die Schifffahrt prägend für den Stadtteil. Der stetige Ausbau des Hafens, der immer neue Funktionen hinzugewann und beispielsweise als Schleusenhafen oder Eisenbahnhafen genutzt wurde, sowie die durch den Kohlehandel zunehmende Wirtschaftskraft des Ruhrgebiets führten zum Wachstum der Stadt. Seit Mitte des 18. Jahrhunderts konnte sich Ruhrort zu einer bedeutenden Hafenstadt entwickeln, die 1905 mit Duisburg fusionierte. Der Duisburger Hafen ist immer noch der größte Binnenhafen Europas. 2016 hatten alle Duisburger Häfen einen Umschlag von 133 Millionen Tonnen und damit einen Umsatz von 230 Millionen Euro. Damit bleibt die Hafenanlage prägend für das Stadtbild von Ruhrort und eine viel verwendete literarische Szene. □

JOSEPH ROTH

Joseph Roth lebte von 1894 bis 1939. Gebürtig aus der heutigen Ukraine, zog den jüdischen Schriftsteller sein Germanistik-Studium nach Wien. Im Ersten Weltkrieg diente er von 1917 an im militärischen Pressedienst, von der geplanten Fortsetzung seines Studiums musste er aus finanziellen Gründen absehen. Noch während seiner Zeit beim Militär begann er seine journalistische und schriftstellerische Tätigkeit. 1919 wurde er Redakteur bei *Der Neue Tag*, einer Tageszeitung aus Wien. Im gleichen Jahr lernte er seine spätere Ehefrau Friederike Reichler kennen, die er 1922 heiratete. Als 1920 *Der Neue Tag* sein Erscheinen einstellte, zog er nach Berlin und arbeitete in Deutschland für verschiedene Zeitschriften, vor allem für die *Frankfurter Zeitung*. Er reiste viel, schrieb Reportagen darüber und pendelte zwischen Wien und Berlin hin und her. Roths Frau, die immer deutlicher an einer geistigen Erkrankung litt, lebte ab 1928 in wechselnden Nervenheilanstalten. 1935 beantragte Roth die Scheidung von seiner inzwischen vollkommen apathischen Frau, die 1940 in der NS-Tötungsanstalt Hartheim in der Gaskammer umgebracht wurde. Die Krankheit seiner Frau löste Roths Alkoholsucht aus, die sich im Laufe seines Lebens immer weiter verschlimmerte. Ende Januar 1933 emigrierte Roth, als die Nationalsozialisten die Macht ergriffen, und lebte zunächst in Paris, schließlich in Nizza. 1939 starb der Schriftsteller und Journalist in Paris an den Folgen seiner Sucht. Aufgrund seiner zahlreichen Werke und der darin behandelten Themen wie Heimatverlust, Exil und Verlust des jüdischen Erbes gilt Joseph Roth als einer der bedeutendsten deutschsprachigen Erzähler des 20. Jahrhunderts. ◻

Informationen zum Autor unter www.josephroth.de.

WEITERE LITERATUR

- Joseph Roth: Juden auf der Wanderschaft. Berlin: Die Schmiede 1927.
- Joseph Roth: Hiob. Roman eines einfachen Mannes. Berlin: Kiepenheuer 1930.
- Ulrike Steierwald: Leiden an der Geschichte. Zur Geschichtsauffassung der Moderne in den Texten Joseph Roths. Würzburg: Königshausen und Neumann 1994.

WEITERE INFOS

- Der Binnenhafen von Duisburg ist ein großes Gebiet, das sich beim Spazierengehen entdecken lässt. Dabei darf ein Besuch an der Ruhrschleuse natürlich nicht fehlen!
- Der Duisburger Neumarkt liegt zwar etwas abseits des Duisburger Hafens, als weiterer Punkt auf der Route der Industriekultur ist er aber einen Abstecher wert. Hier findet sich außerdem noch ein literarischer Ort: Feridun Zaimoglu siedelt hier die Bude seines Protagonisten im Roman *Ruß* (2011) an.
- Auch andere Literaten nutzten den Duisburger Hafen als Schauplatz, beispielsweise die Haniel Schiffswerft in Alf Rollas *Kommse anne Bude* (2006) oder wie Helmut Domke in seinem Essay *Duisburger Hafen*, der ebenfalls im Sammelband *Die Ruhrprovinz* erschienen ist. Wenn auch nicht namentlich erwähnt, so lässt sich doch auch die Ruhrschleuse als ein literarischer Schauplatz erschließen, nämlich in Mark Ammerns *Eros im Mailverkehr – Briefprosa* (2013).
- Ebenfalls in Fußnähe liegen verschiedene Museen, wie das Radio-Museum, und das „Haus Ruhrort", auch Tausendfensterhaus genannt.
- Die *Route der Industriekultur* hat um die Duisburger Stadt und Hafenanlagen eine eigene Themenroute erstellt, die die vielfältigen Seiten dieses historischen Gebiets zeigt.

PAUL BAHLMANN: RUHRTAL-SAGEN VON DER RHEINISCH-WESTFÄLISCHEN GRENZE

Die Burgruine Altendorf

LITERATURSTECKBRIEF

ORT
Burgruine Altendorf

ADRESSE
Burgstraße 2,
45289 Essen

KOORDINATEN
51.4177N 7.1238 E

ÖPNV
Busse 166 und SB15,
Haltestelle Essen-Burgaltendorf Burgruine

LITERARISCHES WERK
Paul Bahlmann: Ruhrtal-Sagen
von der rheinisch-westfälischen Grenze.
Münster: Coppenrath 1913.

„Alte Sagen such' ich jetzt,
Horche, was in Volkes Munde
Lebt noch über Burg und Ort;
Bietet Volksmund doch zuweilen
Etwas selbst, wenn bleiben stumm
Chroniken und Pergamente,
Kündet nichts geschriebnes Wort!“[9]

Diese Verse, die Paul Bahlmann seiner Sagen-Sammlung vorangehen lässt, reflektieren sein Werk und insbesondere seine Arbeitsweise. Doch selbst der Versuch, mündliche Überlieferungen unter anderem aus Essen, Hattingen oder Linden zu finden, blieb beinahe fruchtlos. Lediglich der Düsseldorfer Kunstmaler Theodor Mintrop und der Arbeiterdichter Heinrich Kämpchen konnten Bahlmann bei seinen Recherchen weiterhelfen. So entstand die kurze Sammlung der *Ruhrtal-Sagen von der rheinisch-westfälischen Grenze.* Insbesondere die Burg Altendorf in Essen bietet dabei viel Stoff für Legenden und Sagen. Neben den angeblichen Verbindungstunneln zu den Burgen Isenberg und Horst, interessierte Bahlmann insbesondere die Sage um den dortigen *Jungfernkuss* – eine List, die den Gegnern der Burgherren einen grausamen Tod bescherte. Ob mysteriöse übersinnliche Hilfen, verschiedene Listen oder Taten von Sagengestalten, Bahlmann verbindet alle Geschichten in seinem Werk mit historischen Fakten und realen Orten, die man bis heute in dieser Gegend besuchen kann. ◻

★ DIE BURGRUINE ALTENDORF

Die Ruine der Burg Altendorf, einer früheren Wasserburg, steht in Burgaltendorf, einem südlichen Stadtteil von Essen. Sie gehörte zuerst den Herren von Altendorf, bevor sie in den Besitz der Herren von Vittinghoff-Schell überging, welche die Burg bis 1629 besaßen. Nach Verpfändung, Verpachtung und Verkauf wurde im Jahr 1850 aus den Steinen der Burg die Burgschule errichtet, die allerdings 1961 wieder abgerissen wurde. Seit 1970 befindet sich die Burgruine im Besitz der Stadt Essen und wird vom Heimat- und Burgverein Essen-Burgaltendorf e.V. betreut. Nach aufwendigen Sanierungen kann man heute unter anderem wieder das Hauptgebäude mit Überresten des Treppenturms besichtigen. Vor allem an den Außenmauern werden die baulichen Einflüsse verschiedener Epochen deutlich. Ein integriertes Restaurant auf dem Gelände, Freiwillige, die wochenends Führungen anbieten und den Ritterlikör „Burgaltendorfer Burggeist“ verkaufen, machen den Besuch der Burg Altendorf zu einem Erlebnis. ◻

PAUL BAHLMANN

Paul Bahlmann wurde im Jahr 1857 in Neustadt in Schlesien (heute Prudnik in Polen) geboren. Er studierte Naturwissenschaften in Berlin und Göttingen und promovierte anschließend in Erlangen. Erst einige Jahre später wandte sich Bahlmann der Literatur sowie der Lokal- und Regionalgeschichte zu, arbeitete unter anderem in der Biblioteca Paulina (später Universitätsbibliothek Münster) und wurde schließlich im Jahr 1894 zum Bibliothekar ernannt. Er stieg zum Oberbibliotheksrat auf und wurde zu einem Mitbegründer der Westfälischen Heimatbewegung. Während seiner Tätigkeit als Bibliothekar gründete er außerdem die Historische Kommission für Westfalen. Paul Bahlmann verstarb 1937 in Münster. ◻

Burgmauer

WEITERE LITERATUR

- Paul Bahlmann: Westfälischer Sagenkranz. Münster: Mitsdörffer 1897.
- Paul Bahlmann: Volmarsteins Sagenschatz. Münster: Greve 1912.
- Paul Bahlmann: Heimatklänge aus Westfalen. Münster: Greve 1913.

WEITERE INFOS

- Nach ausgiebiger Besichtigung der Burgruine lädt das Restaurant „Burgfreund" zu kulinarischen Genüssen entweder in den Innenräumen am Kamin oder auf der Terrasse ein.
- Burgbesichtigungen werden von Mitte April bis Mitte Oktober an jedem Samstag und Sonntag von 15 bis 17 Uhr angeboten.
- Veranstaltungen auf dem Gelände:
    - Das Burgfest, das alle zwei Jahre (in den ungeraden Jahren) stattfindet.
    - Das Ritterfest „Menschen und Märchen in mächtigen Mauern" (findet in den geraden Jahren statt).
    - Die literarisch-musikalische Reihe „Texte & Töne im Turm", die von Ende April bis Ende September meist am letzten Sonntag des Monats stattfindet.
- Zu Paul Bahlmann gibt es noch weitere literarische Orte, wie die Burg Volmarstein in Wetter (Ruhr) (vgl. S. 134).

ANNA BASENER: ALS DIE OMMA DEN HUREN NOCH TAUBENSUPPE KOCHTE

Das Grillo-Theater

LITERATURSTECKBRIEF

ORT

Heldenbar im Grillo-Theater

ADRESSE

Theaterplatz 11,
45127 Essen

KOORDINATEN

51.45462 N 7.0094892 E

ÖPNV

Bahnen U11, U17 und U18,
Haltestelle Hirschlandplatz

LITERARISCHES WERK

Anna Basener: Als die Omma den Huren noch Taubensuppe kochte. Köln: Eichborn 2017.

Bianca, die Protagonistin in Anna Baseners Roman, lebt in Berlin und entwirft Schlüppis aus Seide, kommt aber ursprünglich aus Essen. Dort war ihre Omma [sic] früher mal Wirtschafterin im „Hotel d'Amour" und lernte dort auch ihre besten Freundinnen Ulla und Mitzi kennen. Taffe Frau, wie sie eine ist, hat sie den Laden nicht nur sauber, sondern auch moralisch mehr oder weniger ordentlich gehalten und am Ende den kaltblütigen Besitzer zur Strecke gebracht. Der Fall um Mitzi, die nicht immer ganz ehrlich war, ein turbulentes Leben und den neuen brutalen Zuhälter nur hinter sich lassen wollte, weckt so einige Fragen und ist längst nicht abgeschlossen.
Davon weiß Bianca herzlich wenig und staunt nicht schlecht, als die Omma mit ihr in Berlin plötzlich eine WG gründet und ihr Leben auf den Kopf stellt. Die beiden erleben amüsante Geschichten, denn die Omma ist einfach eine Institution, nicht auf den Ruhrpott-Mund gefallen und hat bis heute ein sehr liberales Verhältnis zum Sex. Von Erotik über Missverständnisse bis hin zu einem Mordfall erlebt Bianca mit ihrer Omma so einiges. □

★ DIE HELDENBAR IM GRILLO-THEATER

Bianca hat einen Freund namens Theo, der, im Gegensatz zu Bianca, die Vorsprechen bei den Schauspielschulen durchgezogen hat und nun Schauspieler ist. Ihr Verhältnis ist allenfalls als ambivalent zu bezeichnen, denn Bianca liebt und hasst Theo aus unzählbaren Gründen. Die Omma findet den „Knülli" ganz hinreißend und glaubt, dass aus dem nochmal was werden wird. Die beiden wollten sogar im Berliner Berghain tanzen gehen, haben aber ein Hausverbot kassiert, da die Omma grundsätzlich nicht in Schlangen wartet. Eines Tages steht Theo vor Annas Tür und sagt, dass er nach Essen ziehe, denn er sei ab der nächsten Spielzeit im Ensemble des Grillo-Theaters. Die Omma vermietet ihm daraufhin ihr altes Zechenhaus in Essen-Rellinghausen. Dort besucht Bianca Theo auf den letzten Seiten des Romans und er hat eine fantastische Idee.
Er hat Lodemanns Roman *Anita Drögemöller und die Ruhe an der Ruhr* in Ommas Haus gefunden. (*Erinnerungen in der Zornigen Ameise an Geburt, Leben, Ansichten und Ende der Anita Drögemöller und Die Ruhe an der Ruhr* ist übrigens ein weiterer Roman von Jürgen Lodemann und mit einem literarischen Ort auf Seite 64 in diesem Buch zu finden.)
„‚Ich schreib das gerade zu einem Einfraustück zusammen. Ein Monolog. Drögemöllers Sicht. Und dann darf ich das in der Heldenbar oben im Grillo inszenieren. [...] Aber was ich mich gerade frage, kannst du so sprechen?' [...] ‚Hömma. Is datt keine Offensichtlichkeit? Ruhrdeutsch mit seine herzlichen Wörters sprech ich dich vons Feinste'"[10], entgegnet Bianca. Mit diesen guten Aussichten endet Baseners Roman.
Nicht nur die Heldenbar, sondern das Grillo-Theater an sich ist ein durch und durch empfehlenswerter Ort. Neben absoluten Klassikern finden sich ebenso moderne Stücke im Repertoire der 1892 eröffneten Bühne. Die Heldenbar befindet sich im zweiten Stock des Gebäudes. Das Theater selbst beschreibt sie als „Bühne und Bar. [...] hier wird geplaudert und diskutiert, hier wird gekocht und gelesen, hier frönen die Slammer ihrem Hang zur Poesie – kurzum: hier gewähren wir Essener Ein- und Ausblicke."[11] Das Programm des Grillo-Theaters und zahlreiche weitere Angebote des Hauses sind unter www.theater-essen.de zu finden. □

ANNA BASENER

Die Autorin Anna Basener wurde 1983 in Essen geboren und studierte Kulturwissenschaften und Ästhetische Praxis an der Universität Hildesheim. Während ihres Studiums verlegte sie ihren Fokus auf das Schreiben von Heftromanen und ist laut der ZEIT „die erfolgreichste deutsche Groschenromanautorin". Thematisch arbeitet sich Anna

Basener in diesem Genre an Adels-, Heimat- und Erotik-Geschichten ab. Ihr Buch *Heftromane schreiben und veröffentlichen* (2010) ist zum Standardwerk geworden. Mittlerweile hat sie sich gelöst von der Groschenromanliteratur, doch geblieben ist ihr „eine große Liebe für Eierlikör, Kitsch und Trash." Darüber hinaus arbeitet sie als Kolumnistin für NEON, Business Punk und Vice. ◻

Weitere Informationen zur Autorin unter www.annabasener.de.

WEITERE LITERATUR

- Anna Basener: Herz aus Milch.
  In: Schnee im August. Hrsg. v. Hametner. Leipzig: Poetenladen 2015.
- Anna Basener: Heftromane schreiben und veröffentlichen.
  Berlin: Autorenhaus 2010.

WEITERE INFOS

- Das Grillo-Theater befindet sich in der Essener Innenstadt und ist perfekt gelegen für einen Einkaufsbummel durch die Fußgängerzone der Stadt. Ebenfalls in Fußnähe befinden sich die Einkaufszentren Rathaus Galerie und Limbecker Platz.
- Wer vor oder nach der Vorstellung gut essen möchte, ist im veganen Restaurant „Sattgrün" in der Theaterpassage bestens aufgehoben. Neben Kaffee, Kuchen und Wein versorgt es seine Gäste täglich mit frischen und gesunden Speisen. Mehr Informationen unter www.sattgruen.com.
- Etwa 20 Minuten zu Fuß entfernt liegt das Museum Folkwang, welches eine große Zahl an künstlerischen Arbeiten vom 19. Jahrhundert an bis in die Moderne beherbergt. Der Eintritt ist frei (mit Ausnahme von Sonderausstellungen). Zudem ist das Folkwang Museum ein literarischer Schauplatz in Sarah Meyer-Dietrichs Roman *Immer muss man mit Stellwerksbränden, Streiks und Tagebrüchen rechnen* (2016). Weitere Informationen zu diesem Roman und Romanschauplatz finden Sie unter www.literaturkarte.ruhr.

ANTHONY DOERR: ALLES LICHT, DAS WIR NICHT SEHEN

Eine Transportbrücke auf Zollverein

LITERATURSTECKBRIEF

ORT
UNESCO-Welterbe Zollverein

ADRESSE
Gelsenkirchener Straße 181,
45141 Essen

KOORDINATEN
51.4880 N 7.0336 E

ÖPNV
Bahn 107, Haltestelle Zollverein, Bahnen S2, 107 oder Busse 170, 183, Haltestelle Zollverein-Nord

LITERARISCHES WERK
Anthony Doerr: Alles Licht, das wir nicht sehen.
Aus dem Englischen von Werner Löcher-Lawrence.
München: C.H. Beck 2014.
[Originalausgabe bei Scribner, New York 2014.]

In einer Art Fernsehästhetik erzählt Anthony Doerr in *Alles Licht, das wir nicht sehen* die Geschichte zweier junger Menschen, von deren Kindheit in den 1930er Jahren bis in das Jahr 2014. Abwechselnd begleitet die Leser*innen den Waisenjungen Werner Hausner auf dem Gelände der Zeche Zollverein und das blinde Pariser Mädchen Marie-Laure LeBlanc, bis sich deren Wege schließlich in der bretonischen Festungsstadt Saint-Malo kreuzen, wenn auch nur für einen kurzen schicksalhaften Moment. Die Zeitachsen verweben Kindheit und Jugend vor dem Krieg, den Aufstieg der Nazis, den Holocaust, den Frankreich-Feldzug, den Zusammenbruch der deutschen Fronten und zuletzt auch das Schicksal der Überlebenden. Ergänzt wird diese auf fundierten Recherchen beruhende Fiktion durch die Geschichte eines wertvollen Diamanten, der die Geschicke der Figuren auf wundersame Weise zu leiten scheint. ◻

★ DAS UNESCO-WELTERBE ZOLLVEREIN

Die Zeche Zollverein ist womöglich das bekannteste Steinkohlebergwerk des Ruhrgebiets. Es war von 1851 bis 1986 in Betrieb. Nach der Stilllegung kaufte das Land NRW das Areal und verwandelte allmählich Industriestruktur in Industriekultur. Seit dem 14. Dezember 2001 gehören die Schachtanlagen 12 und 1/2/8 sowie die Kokerei Zollverein zum UNESCO Welterbe.

„Werner Hausner wächst fünfhundert Kilometer nordöstlich von Paris auf dem Gelände der Zeche Zollverein auf, einem viertausend Morgen großen Kohlebergbaukomplex außerhalb von Essen. Die Gegend lebt von Stahl und Kohle, die Erde ist voller Löcher. Schornsteine rauchen, Lokomotiven pendeln auf erhöhten Trassen, und auf Abraumhalden stehen kahle Bäume wie skelettierte Hände, die sich aus der Unterwelt herausrecken."[12] So werden die Waisenkinder Werner und Jutta Hausner in *Alles Licht, das wir nicht sehen* vorgestellt. Sie wachsen in den 1930er Jahren in Essen auf, nachdem der Vater der Kinder bei einem Grubenunglück ums Leben gekommen ist. Werners Schicksal scheint vorbestimmt: Wenn er 15 Jahre alt ist, soll auch er in die Zeche einfahren. Doch die Schächte auf dem Zollverein-Gelände, in denen die Leiche seines Vaters immer noch verborgen liegt, und die ausgezehrten Gesichter der Arbeiter ängstigen den schneeblonden Jungen.

Als Werners technisches Geschick erkannt wird, entgeht er dem vorbestimmten Werdegang, verlässt das Waisenhaus und wird in die Nazi-Kaderschmiede in Schulpforta aufgenommen. Ein Ziel erreicht Werner: Er wird nie in eine Zeche einfahren. Doch seine Schwester Jutta wird Werner nicht wiedersehen. □

ANTHONY DOERR

Anthony Doerr wurde 1973 in Ohio geboren und erhielt seinen Master of Fine Arts an der Bowling Green State University. Neben zwei Erzählbänden und einem autobiogafischen Bericht veröffentlichte der US-Amerikaner bislang auch zwei Romane. Seine jüngste Publikation *Alles Licht, das wir nicht sehen* aus dem Jahr 2014 landete auf Platz eins der *New York Times*-Bestsellerliste und erhielt zahlreiche Auszeichnungen, unter anderem den Pulitzer-Preis für Belletristik 2015. Doerr lebt mit seiner Familie in Idaho. □

Weitere Informationen zum Autor unter www.anthonydoerr.com.

Rohrleitungen auf Zollverein

WEITERE LITERATUR

- Anthony Doerr: Winklers Traum vom Wasser. Roman. Übersetzt von Judith Schwaab. München: C.H. Beck 2005.
- Anthony Doerr: Der Muschelsammler. Erzählungen. Übersetzt von Barbara Rojahn-Deyk. München: C.H. Beck 2007.
- Anthony Doerr: Memory Wall. Novelle. Übersetzt von Werner Löcher-Lawrence. München: C.H. Beck 2016.

WEITERE INFOS

- Die Zeche Zollverein bietet Vergnügungen für alle Geschmäcker und wird so selbst zur Kulturstadt. Es werden Führungen über das Zechengelände und die Kokerei angeboten. Sogar aus dem E-Bus heraus kann das etwa 100 Hektar große Gelände erkundet werden.
- Museal auf Zollverein wird es im Ruhr Museum, im Red Dot Design Museum, im Portal der Industriekultur und im Phänomania Erfahrungsfeld. Das ganze Jahr über ist das Welterbe Zollverein Spielort zahlloser (Groß-) Veranstaltungen, die dem hauseigenen Veranstaltungskalender entnommen werden können.
- Auf dem Außengelände gibt es außerdem saisonal das Werksschwimmbad, Soccer-Golf, die RevierRad Station und die Zollverein Eisbahn.
- Für das leibliche Wohl sorgen können das Restaurant „CASINO Zollverein", das „Café Kohlenwäsche", das Bistro „Butterzeit!" und das Café und Restaurant „die kokerei".
- Die ARKA Kulturwerkstatt, die Kunstwerke LA PRIMAVERA und The Palace Project und das Theater PACT Zollverein befinden sich ebenfalls auf dem Gelände und locken mit eigenen Veranstaltungen.
- Die Buchhandlung Walther König, SchmuckProdukt, die Keramische Werkstatt Margaretenhöhe, Möbelloft, Golem Kunst und Baukeramik, Sapor Seifenwelt und Atelier Thomas Mack bieten schöne Dinge und Souvenirs an.

JÜRGEN LODEMANN: ERINNERUNGEN IN DER ZORNIGEN AMEISE AN GEBURT, LEBEN, ANSICHTEN UND ENDE DER ANITA DRÖGEMÖLLER UND DIE RUHE AN DER RUHR

Gastraum der Zornigen Ameise

LITERATURSTECKBRIEF

ORT
Die Zornige Ameise

ADRESSE
Zornige Ameise 3,
45134 Essen

KOORDINATEN
51.430650 N 7.056050 E

ÖPNV
Busse SB15 und 194, Haltestelle Annental oder Bus 142, Haltestelle Betriebshof Ruhrallee

LITERARISCHES WERK
Lodemann, Jürgen: Erinnerungen in der Zornigen Ameise an Geburt, Leben, Ansichten und Ende der Anita Drögemöller und die Ruhe an der Ruhr. Zürich: Diogenes 1975.

Der Essener Polizeikommissar Langensiepen wird vor neue Herausforderungen gestellt. Eines Nachts meldet sich eine Frau in stärkstem Ruhrdeutsch aus dem südlichen Stadtteil Bredeney und berichtet, eine Leiche in ihrem Badezimmer gefunden zu haben. Etwas kann nicht stimmen, bemerkt Langensiepen sofort: Normalerweise sprechen die Bewohner des wohlhabenden Südens Hochdeutsch.
Die Anruferin stellt sich als die Edelprostituierte Anita Drögemöller heraus und die Leiche als ein ihr bekannter Zuhälter. Ist die zierliche, wunderhübsche Anita mit ihrer bewegten Vergangenheit in der Lage, einen Menschen zu ermorden? Könnte es ein eifersüchtiger Freier gewesen sein? Und inwieweit ist die Prostituierte in die Machenschaften einer der gefürchtetsten Verbrecherbanden Deutschlands verwickelt? Lodemanns Krimi ist weit mehr als ein gewöhnlicher Unterhaltungsroman. Er taucht ab in die unmoralischen Kreise hoher Politiker, die zu Anitas Kunden-

kreis gehören. Scharfsichtig beschreibt Lodemann das Armutsgefälle zwischen dem Norden und dem Süden der Stadt Essen. Dabei schafft er es, den Leser mit dem wundervoll frechen und ungezwungenen Ruhrdeutsch der Prostituierten zu unterhalten.
Der Roman war einer der ersten Ruhrgebietskrimis und wurde wegweisend für das Genre. Ein Jahr nach seiner Veröffentlichung wurde er von Alfred Vohrer verfilmt. □

★ DIE ZORNIGE AMEISE

Dieses gemütliche Lokal aus dem Jahr 1778 liegt im Essener Süden, nur einen Katzensprung von der Ruhr entfernt. Die erste Wirtin war so launisch, dass sie „Giftige Migampel" genannt wurde. Die hochdeutsche Übersetzung „Zornige Ameise" wurde namensgebend für das Lokal. Mit Steaks, Schnitzeln, Ofen- und Bratkartoffeln und Bier vom Fass lädt es noch heute zu einer herrlich deftigen Mahlzeit ein.
Lodemann verlegt das Lokal in den Essener Norden. Im Gegensatz zur realen Vorlage ist die Zornige Ameise im Roman eine heruntergekommene Kneipe. In ihr versucht Langensiepen den Fall Drögemöller für sich zu ordnen: „Er ging an den erfolgreichen Rauchern vorbei, ging zur Kneipenecke, stieg die drei ausgetretenen Stufen hinauf, öffnete die Tür mit den schief eingelassenen Glasfenstern, hob den dunklen fettigen Windfang auseinander [...]. Langensiepen sah und roch, beroch die Pinte, den Boden, die Tischdecken, sah die Musikbox und den Spielautomaten und entdeckte im finstersten Teil des Raumes nun auch die faltbare Schiebewand zu jenem Nebenraum. Er versuchte sich zu erinnern."[13] □

JÜRGEN LODEMANN

Jürgen Lodemann (Jahrgang 1936) ist gebürtiger Essener. In Freiburg studierte er Germanistik und Geographie. Mit 29 Jahren wurde er Redakteur beim Südwestfunk und rief die SWR-Bestenliste für Belletristik ins Leben. Diese wendet sich von kommerziellen Bestsellerlisten ab und wird monatlich von einem Team aus Literaturkritiker*innen erstellt. Lehraufträge hatte Lodemann seit den 1980er Jahren an den Universitäten Stuttgart, Frankfurt, Marburg, Freiburg, Gainesville in Florida und Essen/Duisburg. Er ist Träger zahlreicher Literaturpreise wie des Essener Dramatikerpreises (1987), des Literaturpreises Ruhr (1988) und des Literaturpreises der Landeshauptstadt Stuttgart (2002). Seine Schwerpunkte als Autor liegen auf dem Ruhrgebiet und der Nibelungensage. □

Weitere Informationen zum Autor unter www.juergen-lodemann.de.

Die Zornige Ameise

WEITERE LITERATUR

- Jürgen Lodemann: Essen Viehofer Platz . Essen: Klartext Verlag 2017.
- Jürgen Lodemann: Siegfried. Die reale Geschichte. 33 Szenen. Tübingen: Klöpfer & Meyer 2015.

WEITERE INFOS

- Hinter dem Straßenkreuz, von dem die Straße „Zornige Ameise" abzweigt, befindet sich auf der rechten Seite ein Zugang zur Ruhr. Hier beginnt das wunderschöne Naturschutzgebiet Heisinger Ruhraue, das mit seinen 150 Hektar sowohl für Spaziergänger*innen als auch für über 40 verschiedene Vogelarten mehr als genügend Platz bietet. Ein besonderes Plus für Liebhaber*innen kleinerer Tiere: In diesem Rückzugsort mitten im Essener Ballungsraum befindet sich das Zuhause von seltenen Libellen- und Schmetterlingsarten.
- Das soziokulturelle Zentrum „Grend" liegt knapp drei Kilometer nördlich von der „Zornigen Ameise". Dort findet nicht nur viermal im Jahr der renommierte Grend Slam statt, auch Literatürk, das türkisch-deutsche Literaturfestival im Ruhrgebiet, hat dort seine Bühne gefunden.
- Der Ruhrtalradweg führt unmittelbar an der „Zornigen Ameise" vorüber.

KLAUS TROMMER: SUPERSTAR

Ein Auszug aus dem Comic

ESWEGS ZUFÄLLIG
ACH NICHTS ANDERES

EINER OFFENBARUNG.

LITERATURSTECKBRIEF

ORT
Villa Hügel

ADRESSE
Hügel 15,
45133 Essen

KOORDINATEN
51.4069 N 7.0089 E

ÖPNV
Bahn S6, Haltestelle Essen-Hügel oder Bus 194, Haltestelle Zur Villa Hügel; dann jeweils ca. fünf Minuten Fußweg

LITERARISCHES WERK
Klaus Trommer: Superstar. In: aufRuhr. Hrsg. v. Jan-Michael Richter. Dorsten: KonturBlau 2006.

Der kurze Comic *Superstar* von Klaus Trommer erschien im Jahr 2006 als Teil der Comicsammlung *aufRuhr*. Herausgeber der Sammlung ist der Comiczeichner Jan-Michael Richter alias Jamiri. Dieser brachte anlässlich der Wahl des Ruhrgebiets zur Kulturhauptstadt 2010 Künstler*innen aus dem Ruhrgebiet zusammen und ließ sie ihre Heimat zeichnen. So entstanden 16 Comics, deren Schauplätze „nicht die zum Klischee degenerierten Trinkhallen, Pommesbuden, Kneipen, Fußballplätze, Zechen, Stahlwerke und Autobahnwüsten heimattümelnder Auftragslangweiler“[14] sind. Vielmehr ist es „der wirklich vorgefundene Lebensraum, dem die Künstler etwas ‚Schönes hinzufügen‘“[15].

Ganz in diesem Sinne zeigt Trommers Comic die über die Grenzen des Ruhrgebiets hinaus bekannte Villa Hügel. Seine Bilder erzählen die Geschichte eines Wachmanns, der im Schutz der Nacht das Hügelgelände betritt. Nur mit einer

Grubenlampe ausgestattet, erkundet er den ehemaligen Wohnsitz der Familie Krupp. Ein verborgener Fahrstuhl führt ihn schließlich tief unter die Villa Hügel. Der Text des Comics gibt erste Hinweise auf das dort bewahrte Geheimnis. Denn hier wird die ungeheure Vermutung aufgestellt, dass der alte Krupp Teil einer Geheimgesellschaft war, zu der nur die „Weltenlenker der Region“[16] Zugang hatten. ◻

★ DIE VILLA HÜGEL

Klaus Trommers Bilder vermitteln einen guten Eindruck des hochherrschaftlichen Gebäudes im Essener Stadtteil Bredeney. Dabei zeigen sie nicht nur das imposante Äußere, sondern auch das aufwendig gestaltete Interieur des Kruppschen Anwesens. Mit ihren 269 Räumen ist die Villa Hügel bis heute ein Symbol des damaligen Reichtums und der Macht der Familie Krupp.
Die Villa Hügel wurde in den Jahren 1870 bis 1873 vom Unternehmer Alfred Krupp erbaut, dessen Familie sie über mehrere Jahrzehnte als Wohn- und Repräsentationssitz diente. Kaiser*innen und König*innen, Industrielle aus aller Welt sowie Politiker*innen waren hier zu Gast. Die heutige Ausgestaltung entstand um das Jahr 1915, als die dritte Krupp-Generation das Haus nach ihren Vorstellungen veränderte. Dunkles Holz, aufwendiger Stuck und eine Vielzahl von Gemälden und Teppichen dominieren seitdem die Zimmer. Die Villa überstand nahezu unbeschadet beide Weltkriege. Nach mehreren Jahren im Besitz der Alliierten wurde das Haus im Juli 1952 an die Familie zurückgegeben. Diese entschied, es der Öffentlichkeit zur Verfügung zu stellen. So beherbergt die Villa Hügel beispielsweise bis heute die Kulturstiftung Ruhr. Im Kleinen Haus hat außerdem seit 1955 das Historische Archiv Krupp seinen Sitz. Hier werden Exponate zur Geschichte des Unternehmens Krupp und zur Alfried Krupp von Bohlen und Halbach-Stiftung ausgestellt. Letztere ist heute Eigentümerin des gesamten Anwesens. ◻

✎ KLAUS TROMMER

Klaus Trommer wurde 1966 in Wanne-Eickel geboren. Er studierte Kommunikationsdesign an der Essener Folkwang-Universität. Nach Abschluss seines Studiums war er unter anderem als Konzeptioner, Art-Director, Illustrator und Storyboarder tätig. Heute betreibt er die HOME^Agentur für Kommunikationsdesign in Gelsenkirchen. ◻
Weitere Informationen zum Autor unter www.klaustrommer.de.

Die Villa Hügel

WEITERE INFOS

- Die Villa Hügel liegt im 28 Hektar großen Hügelpark. Dieser wurde zum 150. Jubiläum der Friedrich Krupp AG im Jahr 1961 nach Vorbild eines Englischen Gartens umgestaltet. Spazierwege führen durch die gesamte Anlage. Die Eintrittsgebühr von fünf Euro zum Hügelpark schließt den Besuch der Villa Hügel mit ein.
- Ehemalige Teile des Hügelparks wurden anlässlich der Umgestaltung abgetrennt und sind heute als „Krupp-Wald" mit 78 Hektar für die Öffentlichkeit zugänglich. Eine Wanderroute durch das Gebiet führt auch an einem Wildgehege vorbei.
- Am Fuße des Hügels befindet sich der Essener Baldeneysee. Als Naherholungsgebiet und Wassersportstätte lädt er besonders in den Sommermonaten zu einem Besuch ein. Gut ausgebaute Fuß- und Radwege rund um den See sowie zahlreiche Sehenswürdigkeiten erwarten die Besucher*innen. Saisonal verkehren außerdem eine Schiffsflotte und eine historische Eisenbahn.

GEORG KREISLER: DIE HEIMATSTADT

Das Musiktheater

LITERATURSTECKBRIEF

ORT
Musiktheater im Revier

ADRESSE
Kennedyplatz,
45881 Gelsenkirchen

KOORDINATEN
51.5144694 N 7.0892868 E

ÖPNV
Bahnen 302, 301 und 107,
Haltestelle Musiktheater

LITERARISCHES WERK
Georg Kreisler: Die Heimatstadt.
In: Die alten bösen Lieder.
Ein Erinnerungsbuch.
Wien: Carl Ueberreuter 1989,
S. 183–188.

Ein Lied wird zum Skandal. Im Jahre 1959 wird Kreislers Lied Die *Heimatstadt* erstmals im Spätabendprogramm des NDR gespielt – kaum eine Reaktion. (Die Interpretin dieses Liedes war übrigens Kreislers Lebensgefährtin Topsy Küppers, ein Gelsenkirchener Operettenstar, die mehr für ihre „attraktiven Beine“ als für ihren Operetten-Gesang bekannt war. Wenige Jahre zuvor verließ sie die Städtischen Bühnen und musste zwei Monatsgagen Buße zahlen.[17]) Als sich Henri Regnier, „ein Schelm“[18] und damaliger Leiter der Unterhaltungsabteilung, allerdings entschließt, dieses Lied als Pausenfüller im Programm für Tanzmusik zu nutzen, folgte ein Protest, zu dem sich sogar der damalige Oberstadtdirektor Gelsenkirchens mit einem öffentlichen Brief „geharnischt“[19] äußerte. Dabei handelt es sich doch um eine

Aufforderung, den nächsten Urlaub in Gelsenkirchen zu verbringen. Hier gäbe es einiges zu sehen und zu genießen: eine „einzigartige Brennstoffdemokratie“[20], einen „Strand von Anthrazit“[21] und „statt der Seeluft atmen Sie Preßluft und Kohlendioxyd“[22] im „urgemütlichen Grubengasparadies“[23]. Es sei viel besser als an der Riviera, voller Charme, grauer Bettwäsche, verschütteter Kumpels, die sich fröhlich wieder ausgraben lassen, und man könne darüber hinaus noch eine Vielzahl verschiedener Kohle-Arten finden. „Die gibt es nur bei uns in Gelsenkirchen.“[24] In einer Zeit, in der Umweltschutz noch kein aktuelles Thema in Gesellschaft und Politik war, wird dieses Werk zur Primetime im Radio gespielt; danach allerdings für lange Zeit nicht mehr. ◻

★ MUSIKTHEATER IM REVIER

Auch auf die Bildung in Gelsenkirchen geht Kreisler ein.

„Unser Theater spielt jeden Tag ein anderes Stück.
Das gibt es nur bei uns in Gelsenkirchen.
Ja, in der Bildung stehen wir vor niemand anderem zurück.
Und die Bildung kann man gar nicht übertreiben.“[25]

Auch wenn Kreisler hiermit auf fehlende Bildungsinitiativen in Gelsenkirchen eingeht, wo es nur das Musiktheater gebe, so ist doch gerade dieses einen Besuch wert. Immerhin tritt es als einziger halbwegs positiv konnotierter Ort in seinem Lied auf.
Das gigantische architektonische Kunstwerk mitten auf dem Kennedyplatz ist nicht nur optisch überwältigend. 1959 eröffnet, vereint es bis heute bildende und darstellende Künste. Völlig verglast, ist es von innen wie von außen betrachtet ein Erlebnis. Kunstwerke, z. B. von Yves Klein, schmücken den Eingangsbereich und ein weiter künstlicher Sternenhimmel den Zuschauerraum. Das Musiktheater im Revier, wie es richtig heißt, ist kein selbstverherrlichendes Bauwerk, sondern dient der Kunst. Mit den täglichen Vorstellungen von Opern, Musicals, Konzerten, Balletten und Programmen für Kinder und Jugendliche stellt es einen wichtigen Teil des Kulturbetriebs im Ruhrgebiet dar.“ ◻

✎ GEORG KREISLER

In Wien als Sohn einer jüdischen Familie geboren, begann Georg Franz Kreisler (1922–2011) eine musikalische Ausbildung am Klavier, an der Geige und in Musiktheorie. Infolge der Annexion Österreichs

durch das nationalsozialistische Deutschland 1938 musste er diese abbrechen und emigrierte mit seiner Familie in die USA. Dort übernahm er zunächst Gelegenheitsarbeiten in Hollywood, wo er unter anderem für Charlie Chaplins Filmproduktion *Monsieux Verdoux – Ein Frauenmörder in Paris* Klavier spielte. Nach dem Krieg kehrte er nach Europa zurück und wurde vor allem als unbequemer Kabarettist bekannt. Unbequem deshalb, weil er satirisch bittere Kritik an politischen und gesellschaftlichen Umständen übte. Zeit seines Lebens kämpfte er gegen die Zensur seiner Werke, wenn sie sich auch nur darin äußerte, dass seine Lieder nicht im Radio gespielt werden sollten. Zu seinen erfolgreichsten Werken gehört das Lied *Tauben vergiften*, worum sich allerdings, wie um einige seiner anderen Werke auch, Plagiatsvorwürfe ranken. Zuletzt schrieb Kreisler überwiegend Prosa, bevor er in Salzburg verstarb. □

Weitere Informationen zum Autor unter www.georgkreisler.de.

WEITERE LITERATUR

- Hans-Jürgen Fink u.a. (Hrsg.): Georg Kreisler gibt es gar nicht. Die Biographie. Frankfurt/M.: Fischer 2007.
- Georg Kreisler: Zufällig in San Francisco. Unbeabsichtigte Gedichte. Berlin: Verbrecher Verlag 2010.
- Hans Weigel: Die ersten 50 Jahre des Georg Kreisler. Nachwort zu: Georg Kreisler: Ich weiß nicht, was soll ich bedeuten. Zürich/München: Artemis 1973.

WEITERE INFOS

- Das Musiktheater im Revier (MiR) bietet ein umfassendes Programm in den Sparten Oper, Musical, Ballett und Philharmonie. Weitere Informationen zum Haus, Ensemble und Spielplan unter www.musiktheater-im-revier.de.
- In fußläufiger Nähe liegt die Altstadt Gelsenkirchens, in welcher sich viele Möglichkeiten für einen ausgiebigen Einkaufsbummel finden lassen.
- Nur fünf Minuten zu Fuß entfernt befindet sich das Zentralbad Gelsenkirchen, welches alles von sportlicher Betätigung bis hin zu Wellness und Entspannung bietet.
- Der Stadtgarten ist ca. 1,5 Kilometer vom MiR entfernt und sehr gut für einen Spaziergang geeignet.
- Nur fünf Kilometer entfernt liegt die VELTINS-Arena, nicht nur die Heimat des FC Schalke 04, sondern auch Veranstaltungsort für diverse Sportveranstaltungen und Konzerte. Das Stadion ist darüber hinaus auch ein literarischer Schauplatz. In Thomas Wings' Werk *We will never forget* (2014) wird das Fußballspiel am 11. September 2001 zum Thema. Weitere Informationen liefert die Website www.*literaturkarte.ruhr.*

ANNETTE VON DROSTE-HÜLSHOFF: DER TOD DES ERZBISCHOFS ENGELBERT VON CÖLN

Das Engelbert-Denkmal

LITERATURSTECKBRIEF

ORT

Gedenkstein der Ermordung des Erzbischofs Engelbert von Köln

ADRESSE

Elberfelder Straße, Ecke Im Stift, 58285 Gevelsberg

KOORDINATEN

51.3143954 N 7.3279018 E

ÖPNV

Bahn S8, Haltestelle Gevelsberg-Kipp, dann ca. fünf Minuten Fußweg

LITERARISCHES WERK

Annette von Droste-Hülshoff: Der Tod des Erzbischofs Engelbert von Cöln. In: Gedichte. Stuttgart, Tübingen: Cotta 1844, S. 274–279. (Online abrufbar über das Deutsche Textarchiv: www.deutschestextarchiv.de)

Oft wurde der Mord des Erzbischofs Engelbert von Köln im Jahre 1225 zum Thema für diverse Prosa und Lyrik in den unterschiedlichsten Epochen. Auf Seite 86 in diesem Buch erfährt man, wie der Arbeiterdichter Heinrich Kämpchen in seinem Gedicht *Heimat* (1909) diesen historischen Stoff bearbeitet. Während Kämpchen die Tat an sich und deren Folgen thematisiert, rückt bei Annette von Droste-Hülshoff der vermeintliche Grund des Mordes, der psychische Druck, welcher auf den Figuren lastet, in den Fokus. Sie folgt mit ihrer Ballade dem literarischen Trend ihrer Zeit, indem sie Reisebilder einer idealen Landschaft mit einer historischen Überlieferung verknüpft. Mystisch-düster umschreibt sie die Natur in der Umgebung der Freveltat.

„Der Anger dampft, es kocht die Ruhr,
Im scharfen Ost die Halme pfeifen.“[26]

Der Erzbischof Engelbert, ein mächtiger Kirchenfürst, kommt durch dieses Gebiet und träumt auf seiner Reise von gewaltigen Dombau-Plänen. Darüber hinaus soll er mit seinem Geld und Einfluss die Rechte der Territorialherren erheblich geschmälert haben, zu denen auch sein Neffe und Mörder Friedrich von Isenberg gehört.[27] In der Ballade wird dies dem „Isenburger“, wie Annette von Droste-Hülshoff ihn betitelt, vor der Ermordung von Ritter Rinkerad eingeschärft:

„‚Wer hat gefesselt Eure Hand?
Wer hat den freien Stegreif Euch verrannt?‘
[...]
‚Und, Graf, wer höhnte Euer Recht,
Wer stempelt' Euch zum Pfaffenknecht?‘“

Als die Wut des Isenburgers entfacht ist, erfolgt der Kampf.
Der Erzbischof stirbt in der Ballade in heldenhafter Verteidigung:

„Er blickt verzweifelt auf sein Schwert,
Er löst die kurze breite Klinge,
Dann prüfend untern Mantel fährt
Die Linke nach dem Panzerringe;
Und nun wohlan, er ist bereit,
Ja männlich focht der Priester heut,
Sein Streich war eine Flammenschwinge.“

An jenem Tage im Jahr 1225 sah dies vermutlich anders aus, denn 1979 fand eine Untersuchung seiner Gebeine statt und man zählte 40–50 Hiebe und Stiche. 1226 wird Friedrich von Isenberg daraufhin gestellt und gerädert. □

★ DER GEDENKSTEIN DER ERMORDUNG DES ERZBISCHOFS ENGELBERT VON KÖLN

Die Ermordung wurde zu einem Martyrium erklärt und der Erzbischof Engelbert heilig gesprochen. Ihm zu Ehren wurde an Ort und Stelle seines Todes das Kloster Gevelsberg errichtet. Um die Gründung des Klosters rankt sich folgende Sage:

„[...] um Mitternacht, kamen zwei Männer an der Mordstelle vorüber, ein Schmied war´s mit seinem Sohn. Da sahen sie plötzlich eine brennende Wachskerze aus der Erde ragen, wie ein heiliges Licht am Altar. Es überlief sie ein Schauer, sie schlugen das Kreuz und schritten eilig weiter. [...] Einige Tage später trug man einen kranken Menschen auf einer Bahre an die Stelle. Der sah, als wären seine Augen hell gemacht, mehr zu schauen als sonst ein Mensch es vermag: Eine Gestalt schritt vor ihm her in prächtigem Gewand. Es war der tote Erzbischof. Der Weg, den er schritt, zeigte die Grenze an, da die Mauern für das heilige Haus erstehen sollten. Und man hat es gebaut nach dem Gesicht, das der Kranke ihnen gesagt hatte. So ist das Kloster zu Gevelsberg entstanden.“[30]

Das Kloster wird als Keimzelle der heutigen Stadt Gevelsberg beschrieben, wurde allerdings 1812 aufgehoben und später abgerissen. 1993 wurde der Klosterplatz an der Eberfelder Straße neu gestaltet, sodass die Grundrisse der Klosterkirche nun wieder sichtbar sind. Im Stift 6 findet man heute noch das ehemalige Äbtissinnenhaus, welches 1805 im klassizistischen Stil errichtet wurde. In unmittelbarer Nähe wurde ein Gedenkstein zur Erinnerung an die Ermordung des Erzbischofs Engelbert von Köln errichtet. ◻

ANNETTE VON DROSTE-HÜLSHOFF

Annette (ursprünglich Anna Elisabeth) von Droste Hülshoff (1797–1848) wurde auf dem Wasserschloss Hülshoff bei Münster in einer westfälischen Adelsfamilie geboren. Viel zu früh kommt sie auf die Welt und wird von Kindesbeinen an als kränkliches Mädchen beschrieben. Jedoch erhält sie dank ihrer Herkunft früh eine umfassende Ausbildung und ihr dichterisches Talent ist bereits 1809 Gesprächsstoff in Münster. Im Laufe ihres Lebens pflegt sie u.a. Bekanntschaften zu den Gebrüdern Grimm, Johanna und Adele Schopenhauer und A.W. Schlegel. Als Dichterin ist sie eine Besonderheit auf dem von Männern bestimmten Buchmarkt ihrer Zeit. Sie steht häufig zwischen den Verpflichtungen ihres Standes und dem Streben nach literarischem Schaffen, an welchem der Vorwurf haftet, dass sie schreibe wie ein Mann. Annette von Droste-Hülshoff ist allein schon aufgrund ihres Status als populäre Schriftstellerin im beginnenden 19. Jahrhundert eine wichtige Vorläuferin der Frauenbewegung.

Inscrift auf dem Denkmal

WEITERE LITERATUR

- Claudia Ahlering und Julian Voloj: Die Judenbuche. Nach Annette von Droste-Hülshoff. München: Knesebeck 2017. (Graphic Novel)
- Annette von Droste-Hülshoff: Die Judenbuche. Tübingen: Cotta 1842.
- Walter Gödden: Tag für Tag im Leben der Annette von Droste-Hülshoff. Daten, Texte, Dokumente. Paderborn: Schöningh 1996.

WEITERE INFOS

- Der Gedenkstein befindet sich mitten im historischen Teil von Gevelsberg, welcher das „Dorf" genannt wird. Für einen Spaziergang der besonderen Art hat der Arbeitskreis „Engelbert" ein Faltblatt herausgebracht, in welchem alle Häuser, die vor 1900 erbaut wurden, vorgestellt werden. In der Bürger-Info im Rathaus, im örtlichen Buchhandel, beim Stadtarchiv und bei der Stadtbücherei ist dieses Faltblatt gegen eine Schutzgebühr von 2€ erhältlich.
- Immer am letzten Juniwochenende findet die berühmte Gevelsberger Kirmes statt. Fast alle Ausschankbetriebe werden seit Generationen von heimischen Vereinen betrieben, was ihr einen besonderen Charme, wenn nicht sogar Kultcharakter verleiht.
- Ebenfalls in Fußnähe befindet sich die Mittelstraße, auf welcher einige Cafés und Restaurants zu finden sind. Dort ansässig ist das Café „Peterle", welches neben einer großen Frühstücksauswahl auch eine gut bestückte Torten- und Kuchentheke aufweist.

JÖRG ALBRECHT: ANARCHIE IN RUHRSTADT

Der Glaselefant im Maximilianpark

LITERATURSTECKBRIEF

ORT
Glaselefant
im Maximilianpark

ADRESSE
Alter Grenzweg 2,
59071 Hamm

KOORDINATEN
51.68287 N 7.88165 E

ÖPNV
Busse 1, 3, 6, 28 und 33,
Haltestelle Maximilianpark

LITERARISCHES WERK
Jörg Albrecht:
Anarchiein Ruhrstadt.
Göttingen:
Wallstein 2014.

Das Ruhrgebiet wie wir es kennen? Längst Geschichte! Im Jahr 2044 steuert die Ruhrstadt auf ihren 30. Geburtstag zu. Diese Stadt, auch die „54. Stadt" genannt, ist aus dem Zusammenschluss der 53 Ruhrgebietsstädte entstanden, nachdem die NRW-Landesregierung die Region 2015 sich selbst überließ. Eine einzelne, große Stadt, aufgeteilt in Stadtteile, denen die Menschen ihren Begabungen und Tätigkeiten nach zugeteilt werden.
Im 30. Jahr des Bestehens begeben sich Julieta und Rick, die beiden Hauptfiguren in Albrechts Roman *Anarchie in Ruhrstadt*, von zwei Enden der Ruhrstadt auf die aussichtslose Suche nach-

einander, weil sie sich lieben; weil sie die Stadt, das Moloch, hinter sich lassen wollen. Ricks Odyssee startet im Klosterpark in Camp-Lintfort [sic]. Dort wohnt er einer langersehnten Konzertübertragung vom anderen Ende der Stadt bei. Augenzeugin dieses Konzerts ist zeitgleich Julieta, die sich in Hamm vor dem großen Glaselefanten befindet, wo die Band Pristine ihre Wiedervereinigung feiert. □

★ DER GLASELEFANT IM MAXIMILIANPARK

Der Glaselefant ist eine Plastik des aus Hamm stammenden Künstlers Horst Rellecke. Im Wesentlichen handelt es sich beim Glaselefanten um einen gigantischen Elefantenkopf, der die ehemalige Kohlenwäsche der Zeche Maximilian wie einen überdimensionierten Elefanten erscheinen lässt. Er ist das Wahrzeichen des Maximilianparks und bereits aus der Ferne zu sehen.

Der Maximilianpark, kurz Maxipark genannt, wurde 1984 für die Landesgartenschau umgestaltet. Heute ist er ein beliebter Ausflugsort. Besonders Familien mit Kindern kommen dank der zahlreichen ausgefallenen Spielplätze auf ihre Kosten, aber auch Erwachsene finden im Park immer etwas zu entdecken. Zu empfehlen ist der Besuch des Parks abseits der Wintermonate, da lediglich zur Hauptsaison alle Attraktionen geöffnet sind. So kann man ab dem Frühjahr durch blühende Gärten streifen, das tropische Schmetterlingshaus entdecken oder die 35 Meter hohe ehemalige Kohlenwäsche im gläsernen Lift des Glaselefanten erklimmen, um die Aussicht über das östliche Ruhrgebiet zu genießen. Aber selbst an schönen Wintertagen ist der Park von Familien gut besucht. □

JÖRG ALBRECHT

Jörg Albrecht ist ein 1981 in Bonn geborener und in Dortmund aufgewachsener Schriftsteller. Er studierte unter anderem Literatur- und Theaterwissenschaft in Bochum und Wien. Neben Prosawerken verfasst Albrecht auch dramatische Texte. Anfang 2018 wurde er zum Gründungsdirektor und künstlerischen Leiter auf Burg Hülshoff in Havixbeck bei Münster bestimmt.

Bislang sind von Albrecht vier Romane, zuletzt *Anarchie in Ruhrstadt,* bei Wallstein erschienen. □

Der Maximilianpark bei Nacht

WEITERE LITERATUR

- Jörg Albrecht: Drei Herzen. Ultraschallroman. Göttingen: Wallstein 2006.
- Jörg Albrecht: Sternstaub Goldfunk Silberstreif. Göttingen: Wallstein 2008.
- Jörg Albrecht: Beim Anblick des Bildes vom Wolf. Göttingen: Wallstein 2008.

WEITERE INFOS

- Vor dem Besuch des Parks sollte man sich in jedem Fall auf der Website www.maximilianpark.de über die Eintrittspreise und Öffnungszeiten der einzelnen Attraktionen informieren.
- Der Maxipark wartet auch abseits der permanenten Sehenswürdigkeiten mit einem vielfältigen Programm auf. So finden regelmäßig Konzerte, Comedyveranstaltungen, aber auch verschiedene Ausstellungen statt. Ein besonderer Tipp ist das „Herbstleuchten" im Oktober, bei dem nach Anbruch der Dunkelheit der Park durch Lichtinstallationen einen besonderen Zauber verströmt.
- Ein weiterer Ausflugstipp für Hamm: Direkt in Bahnhofsnähe findet man das Gustav-Lübke-Museum. Dort kann man diverse Dauerausstellungen zu Kunst und Geschichte sowie wechselnde Sonderausstellungen auf einer Fläche von über 4.000 Quadratmetern besichtigen.

HEINRICH KÄMPCHEN: HEIMAT

Die Ruine der Isenburg

LITERATURSTECKBRIEF

ORT
Ruine der Isenburg

ADRESSE
Am Isenberg 2,
45529 Hattingen

KOORDINATEN
51.3875 N 7.152222 E

ÖPNV
Busse 331 und 141,
Haltestelle Isenberg

LITERARISCHES WERK
Heinrich Kämpchen: Heimat. In: Was die Ruhr mir sang. Heimat- und Arbeitergedichte. Bochum: Hannsmann 1909.

Der Pionier der Arbeiterdichtung im Ruhrgebiet – Heinrich Kämpchen. *Was die Ruhr mir sang. Heimat- und Arbeitergedichte* ist die letzte von drei Gedichtsammlungen, die der Bergarbeiter Kämpchen zu Lebzeiten veröffentlichte. In den Abschnitten *Heimat, Reisebilder* und *Vermischtes* verbindet der Heimatpatriot Idyllisches mit tagesaktueller Politik, Arbeitsalltag mit Arbeitskampf, das Ruhrgebiet mit der weiten Welt. Aufgrund seiner bescheidenen finanziellen Situation beschränkte sich die weite Welt für Kämpchen auf Reiseziele, die nicht weiter als eine Tagesreise entfernt waren. Anders als in Goethes *Italienische[r] Reise*, geht es bei Kämpchen also eher um Wiesbaden.

Alle Themen und Geschichten soll ihm übrigens die Ruhr geflüstert haben, schreibt der Arbeiterdichter zu Beginn des Bandes *An die Leser!*

„Was die Ruhr mir sang,
Wenn ich still gelauscht
Ihrem Wellenklang,
Wie es tönt und rauscht
Aus dem Heimatfluß

Oft so süß und bang-
Wieder sing' ich euch
Was die Ruhr mir sang. –“[31]

In den Abschnitt *Heimat* führt ein gleichnamiges Gedicht ein, in dem der Ruhrgebiets-Barde pathetisch über das Ruhrtal „singt“. Unter anderem berichtet er von der Isenburg, in deren Umfeld sich eine „Freveltat“ zugetragen haben soll. ◻

★ DIE RUINE DER ISENBURG

Der Tod des Erzbischofs Engelbert von Cöln heißt das Gedicht bei Annette von Droste-Hülshoff – das auf Seite 76 vorgestellt wird – bei Heinrich Kämpchen *Heimat*. Beide befassen sich mit dem Raubüberfall aus dem Jahr 1226, bei dem der Erzbischof Engelbert von Köln ums Leben kam und für den Graf Friedrich von Isenberg gerädert wurde. Die Hattinger Isenburg wurde daraufhin nur 27 Jahre nach ihrer Fertigstellung bis auf die Grundmauern zerstört, der Besitz der Isenberger Grafenfamilie wurde eingezogen und zwischen dem Erzbistum Köln und den Markgrafen aufgeteilt. Ab 1230 forderte Friedrichs Sohn Dietrich die Rechte und den verlorenen Besitz zurück. Um seinen Standpunkt deutlich zu machen, ließ Dietrich auf Werdener Boden im heutigen Essen die „Neue Isenburg"[32] errichten. Nur 48 Jahre nach ihrem Bau wurde auch die Essener Burg wieder zerstört. Aus diesem Grund existieren heute zwei Isenburg-Ruinen, die beide oberhalb der Ruhr nur etwa zwölf Kilometer voneinander entfernt liegen.
Kämpchen schrieb in *Heimat* über die Hattinger Burg:

„[...] Die Isenburg, der stolze Bau,
Beherrschte einst von hier den Gau,
Und gab das Echo Widerhall,
War's Hornesstoß und Waffenschall.

Dann kam des Grafen Freveltat,
Vollführt auf seines Weibes Rat –
Du Ruhr sahst wie der wilde Mann
Den Bischof niederstach im Tann. –

Vorbei, vorbei – in Trümmern liegt
Die Burg, so trutziglich gefügt,
Kaum kündet noch ein Mauerrest
Vom Wall, der einst so stark und fest. [...]“[33] ◻

HEINRICH KÄMPCHEN

Schon früh setzte sich Heinrich Wilhelm Kämpchen (1847–1912), selbst Bergmann, für die Belange der Kumpel ein. Bereits im Alter von 13 Jahren soll er seine Arbeit in der Zeche Hasenwinkel aufgenommen haben. Vermutlich fuhr er jedoch erst ab 1865 ein, erhielt zuvor Privatunterricht und erarbeitete sich den literarischen Kanon im Selbststudium. Angespornt durch den Bergarbeiterstreik, seine Wahl ins Streikkomitee der Zeche Hasenwinkel 1889 und inspiriert durch die Vormärzlyrik, wurde Kämpchen zum sozialkritischen Poeten. Fortan veröffentlichte er bis zu seinem Tod wöchentlich Gedichte in der neugegründeten Deutschen Bergarbeiter-Zeitung. Als Dichter und Belegschaftsdelegierter verlieh er so den Kumpeln mit eingängiger und verständlicher Lyrik eine Stimme. Sein vielleicht bekanntester Text ist das *Internationale Knappenlied* (1889). Wegen einer schmalen Rente und lediglich geringer Honorare für die Gedichte lebte der Frühinvalide ab 1890 in großer Armut. ◻

WEITERE LITERATUR

- Heinrich Kämpchen: Aus Schacht und Hütte. Gedichte. Bochum: Möller 1899.
- Rolf-Peter Carl (Hrsg.) u.a.: Seid einig, seid einig – dann sind wir auch frei. Gedichte von Heinrich Kämpchen. Oberhausen: Asso 1984.
- Joachim Wittkowski (Hrsg.): Lesebuch Heinrich Kämpchen. Bielefeld: Aisthesis 2013.

Blick ins Ruhrtal

WEITERE INFOS

- Der Aufstieg zur Burgruine Hattingen dauert vom Wanderparkplatz an der Isenbergstraße etwa 25 Minuten in gemütlichem Tempo. Eine genaue Wegskizze findet sich unter www.burg-isenberg.de/Anreise.
- Wer am Wanderparkplatz schon hungrig ist, kann das Restaurant „tum Bur" aufsuchen, das nur 200 Meter vom Parkplatz entfernt liegt und gutbürgerliche Küche anbietet.
- Das Haus Custodis, das Mitte des 19. Jahrhunderts innerhalb der Ruine errichtet wurde, beherbergt heute ein Museum zur Burggeschichte. Der Eintritt ist frei. Neben dem Ausstellungsraum gibt es auch eine Cafeteria, die warme und kalte Getränke anbietet. Museum und Cafeteria sind sonn- und feiertags ganzjährig geöffnet.
- Wer beide Isenburgen (Hattingen und Essen) an einem Tag besichtigen möchte, kann dieses Vorhaben zum Beispiel bei einer Fahrradtour umsetzen. Eine landschaftlich schöne Strecke führt von Hattingen über Essen-Kupferdreh und schließlich oberhalb des Baldeneysees entlang. Die zwölf Kilometer Entfernung sind in gemütlichem Tempo in rund einer Stunde Fahrtzeit zu meistern. In Essen locken dann weitere Gastronomien wie die „Schwarze Lene" und „Hüttenzauber in der heimlichen Liebe" oder Freizeitaktivitäten wie Minigolf Am Stadtwald und Rundfahrten auf dem Baldeneysee.

HATTINGEN

OTTO WOHLGEMUTH (HRSG.): RUHRLAND

Das Bügeleisenhaus

LITERATURSTECKBRIEF

ORT
Bügeleisenhaus

ADRESSE
Haldenplatz 1,
45525 Hattingen

KOORDINATEN
51.3977 N 7.1815 E

ÖPNV
Bahnen S3 und 308 oder diverse Busse,
Haltestelle Hattingen-Mitte/ZOB

LITERARISCHES WERK
Otto Wohlgemuth (Hrsg.): Ruhrland. Dichtungen werktätiger Menschen. Essen: Baedeker 1923.

Die Sammlung lyrischer Texte erschien im Frühsommer des Jahres 1923. Sie besteht aus 98 Einzelgedichten und drei Gedichtzyklen. Insgesamt umfasst die Sammlung Beiträge von 21 Autor*innen.

Die Veröffentlichung fällt in die Zeit des Ruhrkampfes, der von Januar bis September des Jahres 1923 stattfand. Als Ruhrkampf wird der Widerstand der Bevölkerung im Ruhrgebiet gegen die Besetzung durch französische und belgische Truppen verstanden. Auslöser für die Besetzung waren die ausbleibenden Reparationszahlungen der deutschen Regierung an die Siegermächte des Ersten Weltkrieges.

Otto Wohlgemuths Vorwort macht deutlich, dass mit der Sammlung ein Beitrag zum Widerstand geleistet werden sollte. Die Verfasser*innen der Gedichte sehen sich als Brüder und Schwestern im Kampf gegen die Besetzung ihrer Heimat.[34] Das Buch soll ein „westfälisches Ringen“[35] sein, eine Mahnung an alle, dass an der Ruhr etwas „Ungeheures im Gange ist“[36]. Zeit seines Lebens nutzte Wohlgemuth seinen Status als bekannter „Westfalenpoet“, um Kunst- und Kulturschaffende im Ruhrgebiet zusammenzubringen. Auch *Ruhrland* ist Ausdruck dieser Bemühungen und gilt als Manifest des Ruhrlandkreises, eine erste ruhrgebietseigene Künstlergemeinschaft. Damit kommt dem Werk regionalgeschichtlich eine große Bedeutung zu. Erstmalig traten Dichter*innen an der Ruhr als geschlossene Gruppe politisch in Erscheinung. ◻

★ DAS BÜGELEISENHAUS

Otto Wohlgemuth verbrachte seinen Lebensabend im Bügeleisenhaus in der Hattinger Altstadt. Er bewohnte das altehrwürdige Fachwerkhaus ab 1961. Hier war ihm eine Wohnung unentgeltlich zur Verfügung gestellt worden. Das Bügeleisenhaus wurde 1611 von Wilhelm Elling erbaut, einem Hattinger Bürger, über den wenig bekannt ist. Anschließend diente es lange Zeit als Wohn- und Arbeitsplatz von Tuchmacher*innen. 1856 erwarb der jüdische Metzger Salomon Schmidt das Bügeleisenhaus und ließ es nach seinen Bedürfnissen umgestalten.
In der Zeit des Nationalsozialismus wurde das Haus aufgrund der Enteignung jüdischer Familien zu Staatseigentum. Nach Ende des Zweiten Weltkrieges kam das Bügeleisenhaus in den Besitz einer jüdischen Treuhandgesellschaft. Im Jahr 1955 erwarb es schließlich der Heimatverein Hattingen/Ruhr e.V. und ließ die mehr als 300 Jahre alte Bausubstanz aufwendig restaurieren. Dabei bemühte man sich, die ursprüngliche Ausgestaltung des Hauses wiederherzustellen.
Der Name des Gebäudes ist seiner eigentümlichen Form geschuldet, die an ein Bügeleisen erinnert. Heute beherbergt das Fachwerkhaus ein Museum, das vom Heimatverein Hattingen/Ruhr e.V. getragen wird. Das Museum zeigt Exponate zur Ortsgeschichte und jährlich wechselnde Ausstellungen. ◻

✎ OTTO WOHLGEMUTH

Otto Wohlgemuth wurde 1884 in Hattingen geboren. Dort wuchs er als Sohn eines Bergmanns in ärmlichen Verhältnissen auf. Nach Abschluss der Volksschule begann er ebenfalls im Bergbau zu arbeiten. Die Arbeit unter Tage, die er bis 1923 ausübte, prägte ihn nachhaltig. Wohlgemuth begann seine Erlebnisse festzuhalten – schriftlich und bildlich. Erste Gedichte und Gemälde entstanden. Der Bergarbeiterdichter

Heinrich Kämpchen wurde schließlich auf den jungen Wohlgemuth aufmerksam. Mit Kämpchens Unterstützung veröffentlichte er erste Gedichte im Bochumer Stadtanzeiger. Er setzte seine literarischen Bemühungen fort und wurde über die Stadtgrenzen Bochums hinaus bekannt.
Auch während der Zeit des Nationalsozialismus konnte Wohlgemuth seinen Erfolg als Dichter fortsetzen und war mehrfach im gesamten Reichsgebiet auf Lesereise. Nach Ende des Zweiten Weltkrieges wurde er bei der Entnazifizierung als „nicht besonders belastet" eingestuft und trat weiterhin als Heimatdichter öffentlich in Erscheinung.
Seinen Lebensabend verbrachte Otto Wohlgemuth im Bügeleisenhaus in der Hattinger Altstadt. Zu diesem Zeitpunkt konnte er auf ein umfassendes Gesamtwerk zurückblicken. Den größten Teil macht dabei seine Bergarbeiterlyrik aus, die auf eigenen Erlebnissen beruht. Wohlgemuth verstarb 1965 im Alter von 81 Jahren. □

WEITERE LITERATUR

- Otto Wohlgemuth: Schlagende Wetter. Ein Bergmannsbuch aus dem Ruhrlande. Zeichnungen, Erzählungen, Gedichte. Essen: Baedeker 1923.
- Otto Wohlgemuth: Aus der Tiefe. Gedichte eines Bergmannes. Potsdam: Voggenreiter 1937.
- Otto Wohlgemuth: Des Ruhrlandes Rauch. Gedichte und Bilder eines Bergmannes. Gelsenkirchen-Buer: Post 1949.

WEITERE INFOS

- Die historische Altstadt von Hattingen lädt mit ca. 140 liebevoll restaurierten Fachwerkhäusern zu einem ausgedehnten Rundgang ein. Besonders sehenswert sind neben dem Bügeleisenhaus die St.-Georgs-Kirche samt Kirchplatz, das Alte Rathaus sowie das Zollhaus, das kleinste (Fachwerk-)Haus der Stadt. Das vielfältige Angebot der Hattinger Altstadtgastronomie ergänzt den Besuch kulinarisch.
- Die Altstadt kann darüber hinaus im Rahmen einer Stadtführung des Heimatvereins Hattingen/Ruhr e.V. erkundet werden.
- Besonders zur Weihnachtszeit lockt der nostalgische Weihnachtsmarkt mit kunsthandwerklichen Ständen, einer Krippenausstellung und weihnachtlichen Köstlichkeiten in das historische Hattingen.

HANS MARCHWITZA: DIE KUMIAKS

Der Rhein-Herne-Kanal

LITERATURSTECKBRIEF

ORT
Zeche Unser Fritz 2/3

ADRESSE
Zur Künstlerzeche 10,
44653 Herne

KOORDINATEN
51.54650 N 7.13808 E

ÖPNV
Busse 312 und 342, Haltestelle Künstlerzeche

LITERARISCHES WERK
Hans Marchwitza: Die Kumiaks. Roman. Zürich: Büchergilde Gutenberg 1934. (Online abrufbar über die Website der Deutschen Nationalbibliothek)

Deutschland zu Beginn der 1920er Jahre: Die Republik steckt nach dem Ersten Weltkrieg in einer tiefen Krise. Die an die Alliierten zu leistenden Reparationszahlungen übersteigen das Machbare erheblich, weshalb die Regierung ständig neues Geld drucken lässt. Die Folge: Hyperinflation. Die Nullen auf den Geldscheinen werden stetig mehr, während das Essen auf den Tischen der Arbeiter täglich kärger ausfällt. Die Mark ist einfach nichts mehr wert.
In dieser Zeit wandert zu Beginn von Hans Marchwitzas Roman *Die Kumiaks* die schlesische Familie Kumiak in Ruhrgebiet ein. Familienoberhaupt

Peter Kumiak will nicht länger sein Dasein als einfacher Knecht fristen. Lieber möchte er sein Glück im Ruhrbergbau finden.
Im Januar 1923 beginnen die Franzosen mit der Besetzung des Ruhrgebiets, um so die Kontrolle über die hiesige Montanindustrie zu erlangen. Auf diese Weise will sich Frankreich einen Ausgleich für die ausbleibenden Reparationszahlungen verschaffen. Auch die Zeche, auf der Peter Kumiak inzwischen einfährt, wird besetzt. Die Arbeiter reagieren vorerst mit passivem Widerstand, doch dabei bleibt es nicht: Als ein Bekannter von Peter Kumiak eine wichtige Brücke der Zeche sprengt, gerät auch Kumiak unter Verdacht. Es droht die Todesstrafe. □

★ DIE ZECHE UNSER FRITZ 2/3

Marchwitza nennt zwar die Stadt, die Handlungsort ist, nicht beim Namen, allerdings deutet er in den Nachfolgebänden *Die Heimkehr der Kumiaks* und *Die Kinder der Kumiaks* mit „die Ruhrstadt H...n" eine Verortung der Handlung in Herten an.
Ebenso nennt Marchwitza bezüglich der Zeche keinen Namen, jedoch spricht manches dafür, dass es sich beim Arbeitsplatz Peter Kumiaks um einen der Schächte 2 oder 3 der Zeche „Unser Fritz" im Herner Nordwesten direkt an der Grenze zu Herten handelt. Diese wurde 1871 am südlichen Ufer des Rhein-Herne-Kanals gegründet. Seit den Jahren 1885 respektive 1903 wurde auch am nördlichen Ufer in den Schächten 2 und 3 Kohle gefördert. Diese Kohle wurde unter Zuhilfenahme einer Kettenbahn über eine Brücke auf die andere Kanalseite transportiert: Vielleicht genau die Brücke, die Kumiaks Bekannter im Roman gesprengt hat?
Die Kohleförderung auf Schacht 2 und 3 wurde im Jahr 1928 eingestellt. Seit 1964 sind die Gebäude zur sogenannten Künstlerzeche umfunktioniert. Diese beherbergt bis heute zahlreiche Ateliers und Ausstellungsräume in den ehemaligen Kauen. Für größere Veranstaltungen steht die alte Maschinenhalle zur Verfügung. □

HANS MARCHWITZA

Hans Marchwitza (1890–1965) war ein in Scharley (Oberschlesien) geborener kommunistischer Schriftsteller. 1910 kam er, wie sein Protagonist Peter Kumiak, auf der Suche nach besseren Arbeitsverhältnissen ins Ruhrgebiet und fand dort eine Anstellung im Bergbau. Nach dem Ersten Weltkrieg wurde er zuerst Mitglied in der USPD, später dann in der KPD.

Mit der Roten Ruhrarmee kämpfte er 1920 gegen das rechtsnationale Freikorps Lichtschlag und den Kapp-Putsch.
Im Jahr 1930 erschien mit *Sturm auf Essen* Marchwitzas erster Roman, in dem er die Erfahrungen aus der Zeit in der Roten Ruhrarmee verarbeitete. Zwischen 1934 und 1959 veröffentlichte er die Kumiak-Trilogie Marchwitzas politische Einstellung ist in seinem Werk deutlich erkennbar. Aufgrund dieser war er während der Herrschaft der Nationalsozialisten gezwungen, ins Exil – erst nach Frankreich, dann in die USA – zu gehen, um der Verfolgung durch das Regime zu entkommen. Nach dem Zweiten Weltkrieg kehrte der überzeugte Kommunist in die SBZ/DDR zurück, wo er Gründungsmitglied der dortigen Akademie der Künste wurde.[37] □

WEITERE LITERATUR

- Hans Marchwitza: Sturm auf Essen. Berlin: Internationaler Arbeiter-Verlag 1930.
- Hans Marchwitza: Schlacht vor Kohle. Aus dem Leben der Ruhrkumpels. Berlin: Internationaler Arbeiter-Verlag 1931.
- Hans Marchwitza: Unter uns. Erzählungen aus älterer und jüngerer Zeit. Potsdam: Rütten und Loening 1950.

WEITERE INFOS

- Direkt angrenzend an das Zechengelände entstand der Kulturpark Unser Fritz mit Bolzplatz und Seilgarten, in dem von April bis Oktober an jedem letzten Sonntag im Monat ein „offenes Klettern" stattfindet.
- Der benachbarte Rhein-Herne-Kanal eignet sich wunderbar für ausgedehnte Radtouren zwischen Duisburg und Datteln.
- Ebenfalls in der Nähe liegt die Zoom-Erlebniswelt Gelsenkirchen, ein über 30 Hektar großer Zoo. Dort kann man eine tierische Weltreise durch drei „Kontinente" an nur einem Tag erleben.
- Nur drei Kilometer entfernt befindet sich das Volkstheater Mondpalast in Wanne-Eickel. Es bietet seinen Besucher*innen seit 2004 Komödien, wie es sie vermutlich nur im Ruhrgebiet geben kann.

JUSSI ADLER-OLSEN: DAS VERSTECK

Die St. Georg-Stadtkirche

LITERATURSTECKBRIEF

ORT
St. Georg-Kirche
ADRESSE
St.-Georg-Kirchplatz 1,
44532 Lünen
KOORDINATEN
51.612813 N 7.524248 E
ÖPNV
Busse C1 und R12, Haltestelle Lange Straße oder zu Fuß durch die Innenstadt vom Lüner Hbf
LITERARISCHES WERK
Jussi Adler-Olsen: Das Versteck. Der Spalt von Lünen. München: dtv 2015.

Die 20-seitige Kurzgeschichte *Das Versteck* führt zurück in Kriegszeiten. Der SS-Soldat Uwe Puppels flieht vor seinen eigenen Truppen zu seiner Jugendliebe Sigrid nach Lünen. Beide wurden in Eile vor dem Krieg getraut, doch für den Vollzug der Ehe blieb keine Zeit. Sigrid reagiert wenig begeistert, als der Kriegsflüchtige aus der Vergangenheit vor ihrer Haustür steht. Widerwillig versteckt sie ihn auf dem Dachboden und schirmt ihn systematisch von der Außenwelt ab. Uwe verkommt in seiner zu lang anhaltenden Isolation. Schließlich endet die Geschichte der beiden tragisch.
Einfühlsam widmet sich Adler-Olsen der Kriegsthematik und zeigt rührend an dem Einzelschicksal die Grausamkeit des Zweiten Weltkriegs. Ganz nach Krimimanier ist die Erzählung in eine mitreißende Ermittlungsgeschichte eingebettet. ◻

★ DIE ST. GEORG-KIRCHE

Als Lünen im 14. Jahrhundert in den Grundbesitz der Grafschaft Mark überging, verlegte Graf Adolf II. aus militärischen Gründen die gesamte Stadt von der Nordseite zur Südseite der Lippe. Gleichzeitig wurde 1360 die neue Stadtkirche St. Georg erbaut. Heute ist die mittlerweile evangelische Kirche denkmalgeschützt und das älteste Gebäude der Stadt. In ihr können ein spätgotischer Flügelaltar aus dem 15. Jahrhundert aus dem Umkreis des Meisters von Liesborn, ein spätgotisches Triumphkreuz von ca. 1470 und ein Taufstein vom Beginn des 16. Jahrhunderts besichtigt werden.

In Adler-Olsens Kurzgeschichte ist die gotische Kirche ein besonderer Ort der Erinnerung. Vor dem Krieg konnte Uwe nur wenige sinnliche Augenblicke mit Sigrid verbringen. Die einzige Annäherung fand in einem geheimen Raum hinter der Orgel der St. Georg-Kirche statt. Nach dem Krieg erblüht die Liebesbeziehung kein zweites Mal. Verbittert sucht Uwe am Ende seines Lebens den geheimen Raum in der Kirche erneut auf. □

JUSSI ADLER-OLSEN

Spätestens seit *Erbarmen* erobert Jussi Adler-Olsen (1950 geboren) mit seinen Kriminalromanen die internationalen Bestsellerlisten. Seine Werke sind in über 40 Sprachen übersetzt und von 2013 bis 2016 wurden die ersten drei Teile seiner Carl-Mørck-Reihe verfilmt. Weniger bekannt ist, dass der Kopenhagener ein Liebhaber Lünens ist. Schon viermal besuchte er die kleine Stadt an der Lippe und lobte die Architektur und das nach vorne gerichtete Denken der Leute. □

Weitere Informationen zum Autor unter www.adler-olsen.de.

WEITERE LITERATUR

- Jussi Adler-Olsen: Erbarmen. München: dtv 2009.
- Jussi Adler-Olsen: Schändung. München: dtv 2010.
- Jussi Adler-Olsen: Erlösung. München: dtv 2011.

WEITERE INFOS

- Die St. Georg-Kirche liegt im Herzen der Lüner Innenstadt, die mit zahlreichen Geschäften zu einem gemütlichen Einkaufsbummel einlädt. Für Hungrige und Durstige bietet sich ein Besuch im Brauhaus „Drei Linden" an. Diese Gaststätte wurde im 17. Jahrhundert erbaut und lockt mit traditionell westfälischer Küche und regionalen Bieren.
- Jeden November verwandelt sich das Cineworld Lünen zum roten Teppich für nationale Stars. Dort findet seit 1990 das Kinofest Lünen statt, bei dem deutsche Filme einem wachsenden Publikum präsentiert werden.
- Seit über 30 Jahren hat es sich die Lippe Buchhandlung zur Aufgabe gemacht, Bücher und Menschen zusammenzubringen. Der sympathische Buchladen bietet Bücherabende und Lesungen für Klein und Groß an.
- Kaum eine liebenswerter gestaltete und gepflegtere Anlage findet sich im Ruhrgebiet als die Minigolfanlage Lünen im Stadtpark. Sie liegt ebenfalls in der Nähe von St. Georg.
- Der Lüner Rundwanderweg führt mit einer Strecke von 19 Kilometern an der Lippe und dem Datteln-Hamm-Kanal entlang.

JÜRGEN BRÔCAN: WASSERWERK

Die Wasserstände am alten Wasserwerk

LITERATURSTECKBRIEF

ORT
Wasserstände am alten Wasserwerk

ADRESSE
Wasserwerksweg, 45772 Marl

KOORDINATEN
51.704417 N 7.115667 E

ÖPNV
Bus 227, Haltestelle Treibweg

LITERARISCHES WERK
Jürgen Brôcan: Wasserwerk. In: Antidot. Berlin: Edition Rugerup 2012.

Am Rande der kleinen Stadt Marl versinkt ein Wasserwerk in der Natur. Ehemals ein wichtiger Bestandteil einer Chemieanlage, verfällt es nun als Ruine vor sich hin. Es könnte kaum etwas symbolischer und zugleich romantischer für den Strukturwandel im Ruhrgebiet stehen.
So wurde es zur Inspirationsquelle für den Lyriker Jürgen Brôcan. Das zweite Gedicht in seinem Band *Antidot* ist diesem Ort gewidmet:

„Im schmalen Zweistromland von Kanal und Fluß
Halt genug
für den flüchtigen Auftritt der Füße,
wo die Träger, Pfeiler, Hallen ins Wasser gehen:

ihr Wegsacken, Kippen in den *maroden Glanz*
langsamer als der Schweiß über
die Blaumänner tropfte,

ein ausgeweidetes Skelett, *Marl*, der Windhalt, fällt ein,
die Himmelssäule in Pfützen festgetackert,
brackig, entspiegelt durch Laub,

doch ich sah einen Schwan, der mit hallendem Geflappe abhob
 von der Wasserfläche,
und zwei Möwen schraubten sich im Flug umeinander."[38]

Im Gedichtband *Antidot* findet sich eine Vielzahl von atmosphärischen Ortsbeschreibungen. Einige porträtieren das Ruhrgebiet, doch auch ein Gedicht zum letzten Wohnort vom Dichter Walt Whitman in Camden, New Jersey, ist enthalten. Dabei schafft es Brôcan die Orte stets so zu beschreiben, dass sie wie ein Geheimnis wirken, das nicht ausgesprochen werden kann und doch sichtbar ist. □

★ DIE WASSERSTÄNDE AM ALTEN WASSERWERK

In den 1930er Jahren entschied sich das Chemieunternehmen I. G. Farben für Marl als neuen Produktionsstandort. 1938 wurde zusammen mit der Industrieanlage das Wasserwerk errichtet. Das Lippewasser war notwendig, um die Chemieanlagen zu kühlen. Das entnommene Wasser wurde dabei jeweils nur einmal verwendet. Durch neue, sparsamere Technologien wurde das Werk überflüssig und 1998 stillgelegt.
Zwei Jahre später wurde der bildende Künstler Herman Prigann auf das Gelände aufmerksam. Mit Unterstützung vom Skulpturenmuseum Glaskasten Marl errichtete er Hügel aus Bauschutt um das Wasserwerk. Nun erst wurden die Pumpen abgeschaltet, die verhinderten, dass das Gebiet zwischen den zwei Deichen vollief. Heute versinkt die Ruine im Wasser. Ganz nach Prigann Intention können die Besucher*innen miterleben, wie sich die Natur ihren Lebensraum zurückerobert und sich Flora und Fauna im Wandel der Zeit mit der Industriekultur verbinden. □

JÜRGEN BRÔCAN

Jürgen Brôcan wurde 1965 in Göttingen geboren, wo er zum Studium der Germanistik und Europäischen Ethnologie blieb. 2001 wurde er zum Wahl-Dortmunder und ist heute aus der Kulturszene des Ruhrgebiets kaum noch wegzudenken. Er erhielt das Stipendium der Kunststiftung NRW und gewann 2016 den Literaturpreis Ruhr sowie den postpoetry.nrw. Bisher sind fünf Lyrikbände von Brôcan erschienen. Außerdem arbeitet er als Übersetzer und Essayist. □

Weitere Informationen zum Autor unter www.brocan.de.

Blick durch den Zaun

WEITERE LITERATUR

- Jürgen Brôcan: Ortskenntnis. Gedichte 1996–2006. München: Allitera 2008.
- Jürgen Brôcan: Holzäpfel. Berlin: Edition Rugerup 2015.

WEITERE INFOS

- Das alte Wasserwerk befindet sich am nördlichen Ende der Stadt Marl. In idyllischer Atmosphäre wird es umschlossen von der Lippe und dem Wesel-Datteln-Kanal. Von deren Deichen aus bietet sich eine fantastische Sicht auf das Kunstwerk.
- Das alte Wasserwerk liegt im über 1.000 Quadratmeter großen Naturpark Hohe Mark – Westmünsterland. Wie in Brôcans Gedicht beschrieben sind hier Möwen und Schwäne zu Hause, weiterhin können Blässhühner beobachtet werden und mit Glück sogar Kormorane.
- Die Zeche Auguste Victoria wurde 2015 geschlossen und ist damit das vorletzte aktive Steinkohlebergwerk im Ruhrgebiet. Schacht 4, der in der acht Kilometer entfernten Marler Innenstadt liegt, kann heute als Bergbaumuseum besichtigt werden. In Max von der Grüns *Hier – Ein Krankenpfleger* fährt der Protagonist Paul Murawski in diesen Schacht ein.

HERMANN SCHULZ: SONNENNEBEL

Das Schloss Bloemersheim

LITERATURSTECKBRIEF

ORT
Schloss Bloemersheim

ADRESSE
Bloemersheimer Weg 2,
47506 Neukirchen-Vluyn

KOORDINATEN
51.44276 N 6.51462 E

ÖPNV
Busse 76, 912, 929 und SB10,
Haltestelle Vluyner Platz, dann 30 Minuten
Fußweg oder 10 Minuten Radweg

LITERARISCHES WERK
Hermann Schulz: Sonnennebel.
Hamburg: Carlsen 2000.

Im Zentrum von Hermann Schulz' Jugendroman *Sonnennebel* steht der 15-jährige Alfred „Freddy" Halstenbach. Da Freddy während des Zweiten Weltkriegs seine Eltern verloren hat, lebt er zehn Jahre nach Kriegsende bei seiner Tante in Rheinkamp im westlichen Ruhrgebiet. Rheinkamp ist heute zweigeteilt und gehört zu Moers und Duisburg.
Freddy schlägt sich in seinem Alltag mit den üblichen Problemen eines Jugendlichen herum: Stress mit Lehrern, Ärger zu Hause, erste Liebe, erster Sex und erste schlimme Enttäuschungen. Neben typischen Jugendmotiven finden auch klassische Ruhrgebietsmotive Erwähnung: So beherbergt Freddys Tante diverse Kostgänger der nahegelegenen Zeche, unter denen Freddy regelmäßig väterliche Freunde findet. Zudem ist er selbst in einen zwielichtigen Handel mit gebrauchten Schuhen für Bergleute verstrickt. Ein weiteres prominentes Thema ist die Brieftaubenzucht, der Freddy leidenschaftlich nachgeht. ◻

★ DAS SCHLOSS BLOEMERSHEIM

Mit seiner Freundin Cornelia macht Freddy eine Radtour ins benachbarte Neukirchen-Vluyn. „In Vluyn kannte Cornelia ein Schloss in einem Wald. Sie hatte es gesehen, als sie mit ihren Eltern einen Ausflug gemacht hatte. [...] Sie radelten durch die Felder von Genend und Neukirchen. Cornelia wusste ungefähr, wo man das Schloss finden würde. [...] Sie fuhren weiter, bogen von der Landstraße rechts ab in einen Park hinein. Durch die Bäume sahen sie das Schloss."[39] Am Schloss angekommen treffen sie die Schlossherrin, die Baronin von der Leyen, mit der Freddy über den Kauf des herrschaftlichen Gebäudes scherzt.

Wie im Roman beschrieben, sieht man das mittelalterliche Schloss durch seine rötliche Farbe tatsächlich schon aus der Ferne durch die Bäume hindurch. So lohnt sich selbst ein Ausflug an einem grauen Niederrheintag. Leider ist das Grundstück nur zu besonderen Anlässen für die Öffentlichkeit zugänglich, allerdings laden auch der Anblick aus der Ferne und die Umgebung des Schlosses mit ihrem flachen Land zu ausgedehnten Radtouren ein. □

HERMANN SCHULZ

Hermann Schulz wurde 1938 im heutigen Tansania geboren, wuchs allerdings in Lüchow-Dannenberg und am Niederrhein auf. Er hat diverse Kinder- und Jugendbücher, aber auch Sachbücher veröffentlicht. Über 30 Jahre leitete er den Peter Hammer Verlag, der sich auf Literatur aus Afrika und Lateinamerika spezialisiert hat und daneben ein renommiertes Bilderbuchprogramm herausgibt.[40] □

WEITERE LITERATUR

- Hermann Schulz: Iskender. Hamburg: Carlsen 1999.
- Hermann Schulz: Zurück nach Kilimatinde. Hamburg: Carlsen 2003.
- Hermann Schulz: Die Nacht von Dar es Salaam. Frankfurt/M.: Brandes & Apsel 2014.

Gebäude an der Schlosseinfahrt

WEITERE INFOS

- Zu einigen Veranstaltungen im Jahr ist das Schlossgrundstück zugänglich. Informationen gibt es unter www.bloemersheim.de.
- Die flache niederrheinische Landschaft lädt zu ausgedehnten Radtouren ein. Beispielsweise kommt man vom Schloss in etwa einer Stunde (15 Kilometer) auf den Gipfel der Halde Rheinpreußen in Moers, wo es neben einer großartigen Aussicht über das westliche Ruhrgebiet mit dem Geleucht auch ein beeindruckendes Bergbaudenkmal zu sehen gibt.
- Im Moerser Schloss kann das Grafschafter Museum mit der Dauerausstellung zum Leben am Niederrhein und wechselnden Sonderausstellungen sowie das Schlosstheater Moers besucht werden.
- Für Spaziergänger*innen ist das Erholungsgebiet Schafheim in Moers mit seinem Wald und dem See einen Ausflug wert.

EVA KUROWSKI: GOTT SCHMIERT KEINE STULLEN

Die Brücke „Slinky Springs to Fame" über der Emscher

LITERATURSTECKBRIEF

ORT
Kaisergarten Oberhausen

ADRESSE
Konrad-Adenauer-Allee 46,
46049 Oberhausen

KOORDINATEN
51.4922196 N 6.8577057,18 E

ÖPNV
Busse 956 und 966,
Haltestelle Schloss Oberhausen

LITERARISCHES WERK
Eva Kurowski: Gott schmiert keine Stullen. Eine Kindheit zwischen Lenin, Jazz und Leberwurst. Reinbeck bei Hamburg: Rowohlt Polaris 2012.

Die Jazz-Sängerin, Schauspielerin und Autorin Eva Kurowski berichtet in ihrem Roman *Gott schmiert keine Stullen* aus ihrer Kindheit. Geboren wurde sie Mitte der 1960er Jahre in Oberhausen als kleiner „Kawenzmann", mit „Hammer und Sichel" entbunden. Sie ist die Tochter des Marxisten, Grafikers und Jazz-Musikers „Kuro" und erlebt von klein auf die pulsierende Jazz-Szene des Ruhrgebiets. Kuro gründete den Jazz-Verein „Blue Note", welcher als Wiege der Szene fungierte und Künstler wie Helge Schneider, Peter Thomas und Jochen Bosak hervorbrachte. Und Eva war immer dabei. Sie präsentiert eine Perspektive auf das Ruhrgebiet, ganz besonders auf ihre Heimatstadt Oberhausen, durch die naiven Augen und den ehrlichen Mund eines Kindes. So erklärt sie frei heraus, dass die Essener und Mülheimer auf alle herabblicken und am Ende doch alle Kinder den gleichen Krupphusten haben. In charmanten Anekdoten berichtet sie über sämtlichen Quatsch, den ein Kind nur anstellen kann, von wunderschönen Erlebnissen wie den Besuchen im Kaisergarten Oberhausen, und von ihrer eigenen künstlerischen Laufbahn. □

★ DER KAISERGARTEN

Außer im Kaisergarten sei es in Oberhausen sonst „so richtig scheiße", aber wenigstens so ehrlich, dass sich „niemand bemühte [...] das Gegenteil zu behaupten."[41] Der Kaiserpark liegt direkt an der Emscher, dem „Köttelbecken" Oberhausens und ist ein Sinnbild wahrer Ruhrpott-Romantik. Als Kind hat Eva genau an dieser Stelle mit ihren Großeltern und einer enormen Ausdauer die „Gagacks" gefüttert und ihrer Oma dabei zugehört, wie sie mit eben jenen sprach. „Auf dem Kanal wurde ununterbrochen Schlacke verschifft. Und direkt neben dem Kanal mit dem Köttelbecken lag der wunderschöne Kaisergarten mit rosa Schlösschen und Tierpark. Dort wurden neben Hirschen, Ziegen, Meerschweinchen und Eseln auch Wölfe, Füchse und Wildschweine gehalten, die mit ihrem strengen Geruch dafür sorgten, dass der auf Erholung angewiesene Oberhausener Malocher die Scheiße aus der Emscher nicht so stark roch. Daran hat sich bis heute nichts geändert, bloß dass nicht mehr so viel Scheiße in der Emscher schwimmt."[42] Das Tiergehege besteht seit 1938 und hat bis heute täglich geöffnet. □

✎ EVA KUROWSKI

Eva Kurowski wurde 1965 in Oberhausen als Kind des Jazz-Musikers Walter Kurowski geboren. Ab den 1980er Jahren stand sie selbst als Sängerin neben Uwe Lyko (bekannt als Herbert Knebel) und Helge Schneider auf der Bühne. Ihr Album *Reich ohne Geld* (2001) wurde im Heimstudio von Helge Schneider produziert, mit dem sie zuvor auch das Filmprojekt *Stangenfieber* (1987) verwirklichte. Zuletzt trat sie 2012 bis 2014 als Schauspielerin und Sängerin in der Inszenierung *Kabale und Liebe* im Grillo Theater Essen auf. □

Weitere Informationen zur Autorin unter www.eva-kurowski.de.

Eingang Tiergehege im Kaisergarten

WEITERE LITERATUR

- Eva Kurowski: Avanti Popoloch. Eine sozialistische Kindheit im Ruhrgebiet. Oberhausen: Asso Verlag 2008.

WEITERE INFOS

- Der Kaisergarten Oberhausen eignet sich für ausgedehnte Spaziergänge, Spielplatzbesuche, Minigolf und einen Besuch im Tiergehege.
- Das Tiergehege im Kaisergarten bietet verschiedene Aktionen im Rahmen einer Naturerlebnisschule für Schulklassen, Kindergärten und Familien an. Der Eintritt ist frei.
- Direkt im Schloss befindet sich die „Schloss Gastronomie Kaisergarten", welche täglich ab 9 Uhr geöffnet hat. Dieses schöne Ambiente steht außerdem für Feierlichkeiten zur Verfügung.
- Ebenfalls in Fußnähe befindet sich die imposante Brückenskulptur „Slinky Springs of Fame", welche den Kaisergarten und die Emscherinsel verbindet.
- Ca. zwei Kilometer entfernt liegt das Einkaufszentrum CentrO Oberhausen, mit der angrenzenden König-Pilsener-ARENA und dem Gasometer, das wechselnde Ausstellungen zeigt.

FERDINAND KRIWET: MANIFEST ZUR UMSTRUKTURIERUNG DES RUHRREVIERS ZUM KUNSTWERK

Das Ruhrfestspielhaus

LITERATURSTECKBRIEF

ORT
Ruhrfestspielhaus
ADRESSE
Otto-Burrmeister-Allee 1,
45657 Recklinghausen
KOORDINATEN
51.6209 N 7.1853 E
ÖPNV
Busse 223 und 203, Haltestelle Festspielhaus oder Busse 270, 214, SB25, NE3, Haltestelle Arenbergstraße
LITERARISCHES WERK
Manifest zur Umstrukturierung des Ruhrreviers zum Kunstwerk. © beim Autor, Künstlerplakat 1968.

„RETTET DAS REVIER“. Ferdinand Kriwets *Manifest zur Umstrukturierung des Ruhrreviers zum Kunstwerk* ist keine Erzählung, kein Gedicht, sondern eine kunstpolitische Absichtserklärung, die der gebürtige Düsseldorfer im Januar 1968 in Plakatform veröffentlichte. „Unter den Talaren Muff von tausend Jahren“, riefen die Student*innen in diesem Schlüsseljahr auf Deutschlands Straßen und Kriwet forderte das Ende des „Kunstmuffs“ im Ruhrgebiet:
„Schluß mit der falschen Romantisierung der Ruhr-Tristesse.
Schluß mit der sentimentalen Schrebergarten- und Brieftaubenidylle.
Schluß mit dem unproduktiven Mythos vom Steinkohlebergbau.“[43]
Die künstlerische Revolution sollte von den Ruhrfestspielen in Recklinghausen ausgehen, deren Entstehungsgeschichte auf der Verbindung von Kunst und Arbeit beruht. Im Fokus von Kriwets Forderungen standen aber nicht nur die kreative Schöpfung, die das Ruhrgebiet thematisiert, sondern auch das Revier selber. Kriwet forderte die wegen

des Strukturwandels bereits stillgelegten Anlagen in Kunstwerke umzugestalten und die Zechengelände in Freizeiteinrichtungen mit mobilen Theatern und Konzerthallen umzuwandeln, die auf die Bedürfnisse der Ruhrgebietler*innen auszurichten seien. Eingebunden werden sollten in einer Art Arbeitsgemeinschaft nicht nur Künstler*innen, sondern auch ortsansässige Verbände und Institutionen. Zahlreiche dieser Ideen finden sich heute umgesetzt: Die Beleuchtung des Landschaftsparks Duisburg-Nord, Tauchen im Gasometer, alpiner Klettergarten in der Erzbunkeranlage, Konzerte in der Jahrhunderthalle in Bochum, die Ruhrtriennale. Kriwet forderte aber auch die Ansiedlung neuer Industrien und die Erschließung des Ruhrpotts für den internationalen Tourismus. Während zweiteres sukzessive gelungen ist, gestaltet sich ersteres bis heute schwierig. ◻

★ DAS RUHRFESTSPIELHAUS

„Mit der Probe aufs Exempel könnte in Recklinghausen
im Zusammenhang mit den Ruhrfestspielen oder in Oberhausen
im Zusammenhang mit den Westdeutschen Kurzfilmtagen
oder an jedem anderen Ort zu jeder Zeit begonnen werden.
glückauf."

So endet das Manifest und Kriwet fokussiert sich auf zwei Institutionen, die bereits 1968 Vorreiter einer künstlerischen Revolution im Ruhrgebiet waren: Die Unterzeichner des Oberhausener Manifests hatten sich anlässlich der Oberhausener Kurzfilmtage schon 1962 dafür ausgesprochen, den neuen deutschen Film zu schaffen und sich vom Heimatfilm abzukehren. Zu den bekanntesten Unterzeichnern zählt Alexander Kluge.

Seit der Nachkriegszeit hingegen gibt es Europas heute ältestes Theaterfestival – die Ruhrfestspiele in Recklinghausen. Im Winter 1946/1947 gingen den Hamburger Theatern die Kohlen zum Heizen aus. Um die Schließung der Theater zu umgehen, machten sich Verantwortliche auf den Weg ins Ruhrgebiet. Die Theatermacher*innen schilderten den Arbeiter*innen der Zeche König Ludwig 4/5 in Recklinghausen-Suderwich ihre ausweglose Situation und so wurden mehrere Lastkraftwagen hinter dem Rücken der Militärpolizei mit Kohlen beladen. Zum Dank gastierten im Sommer 1947 mehr als 100 Schauspieler*innen unter dem Titel „Kunst gegen Kohle" im Saalbau der Stadt Recklinghausen. Dieses neuwertige Konzept von „Intellektualität" und „Arbeitertum" schien Kriwet davon überzeugt zu haben, dass die Ruhrfestspiele der geeignete Startpunkt für eine Umstrukturierung des Ruhrreviers seien. Waren die Festspiele doch aus der Idee heraus eingerichtet worden, Theaterleute und Arbeiter*innen zusammenzubringen. 1965 konnten die seit 1947 jährlich abgehaltenen Festspiele erstmals im eigenen Festspielhaus stattfinden, das bis heute Spielort dafür ist. ◻

FERDINAND KRIWET

Der gebürtige Düsseldorfer Ferdinand Kriwet (Jahrgang 1942) ist Hörspielautor und Künstler. Seinen Schwerpunkt setzt er auf grafische Textarbeiten, die er „Sehtexte“ nennt, und konkrete und visuelle Poesie. Seine Sehtexte kehren dem traditionellen Buchformat den Rücken und werden wie das *Manifest zur Umstrukturierung des Ruhrreviers zum Kunstwerk* auf Plakatwänden ausgestellt. Für seine verschiedenen künstlerischen Arbeiten wurde Kriwet seit Ende der 1960er Jahre mehrfach mit internationalen Preisen ausgezeichnet. □

WEITERE LITERATUR

- Ferdinand Kriwet: Rotor. Mit einem Nachwort von Konrad Boehmer. Köln: DuMont Schauberg 1961.
- Ferdinand Kriwet: Apollo Amerika. Frankfurt/M.: Suhrkamp 1969 (=edition suhrkamp, Nr. 410).
- Ferdinand Kriwet: Kriwet Bibliographie 1-401. Köln: Verlag Stefan Schuelke Fine Books 2012.

WEITERE INFOS

- Das Ruhrfestspielhaus gehört zum Vestischen Cultur- & Congresszentrum und beherbergt das ganze Jahr über Theater-, Musik-, Tanz- und andere Veranstaltungen. Highlight im Terminkalender sind jedoch die Ruhrfestspiele, die jedes Jahr tausende Besucher*innen aus ganz Europa nach Recklinghausen locken.
- Das Ruhrfestspielhaus liegt inmitten des Stadtgartens, der zu ausgedehnten Parkbesuchen einlädt und außerdem den Tiergarten umfasst. Der Eintritt für Stadtgarten und Tierpark ist frei. Frühstück, Waffeln, Kuchen und Snacks gibt es zu allen Jahreszeiten im Café am Tiergarten.
- Ebenfalls im Stadtgarten liegen die Volkssternwarte und das Planetarium Recklinghausen. Auch hier gibt es einen prall gefüllten Veranstaltungskalender für Klein und Groß. Sternwarte und Planetarium öffnen lediglich zu den wöchentlich stattfindenden Veranstaltungen.
- Nur 900 Meter Fußweg vom Ruhrfestspielhaus entfernt liegt die Buchhandlung Musial in der Münsterstraße 17.

GUSTAV SACK: EIN VERBUMMELTER STUDENT

Die Mittelstraße in Schermbeck

LITERATURSTECKBRIEF

ORT
Wohnhaus der Familie Sack

ADRESSE
Mittelstraße 38,
46514 Schermbeck

KOORDINATEN
51.69279 N 6.87094 E

ÖPNV
Busse SB21 und SB18,
Haltestelle Rathaus Schermbeck

LITERARISCHES WERK
Gustav Sack: Ein verbummelter Student. Berlin: S. Fischer 1917.

Ein verbummelter Student

Roman

von

Gustav Sack

S. Fischer, Verlag
Berlin 1917

Gustav Sack, geboren 1885 in der Mittelstraße in Schermbeck, war Schriftsteller, Lyriker und Dramatiker. Sein Roman *Ein verbummelter Student* erzählt die Geschichte des Studenten Erich Schmidt in den Jahren vor dem Ersten Weltkrieg in Schermbeck und Umgebung und trägt stark autobiografische Züge. Denn nicht nur verbummelte Studien, sondern auch die Abscheu Sacks den Schermbecker*innen gegenüber schlagen sich deutlich nieder.
Der Protagonist reibt sich an seinem persönlichen Scheitern auf und wird allmählich zum grenzgängerischen Weltverächter, der von den Menschen

in seiner unmittelbaren Umgebung, also den Schermbecker*innen abgelehnt wird: „‚Erich Schmidt', das hieß für seine Mitbürger soviel wie ein älterer Student, der sich nach seiner, höchstwahrscheinlich doch lustigen, Studienzeit bei seinen Eltern aufhielt, wie er sagte, um sich für sein Examen vorzubereiten, – es war aber schwer, an ihn heranzukommen, und deshalb war er ihnen nur ein dankbares Objekt für ihren schiefmäuligen Witz."[44] Schmidts erfolglose Suche nach sich selbst korrespondiert eng mit einer Vielzahl an Naturerfahrungen, die er erlebt und beschreibt. Dabei tritt ein deutliches Bild der niederrheinischen Umgebung zu Tage. So wird beispielsweise die Lippe sehr detailreich beschrieben. □

★ DAS WOHNHAUS DER FAMILIE SACK

In der heutigen Mittelstraße 38 stand das Geburtshaus Gustav Sacks, an das nur noch eine Stele erinnert. Nicht gerade liebevolle Worte findet der Autor zu Beginn seines Romans *Ein verbummelter Student* für seinen Heimatort und dessen Bewohner*innen:

„In einem flachen Kessel am Niederrhein liegt zwischen waldigen und heidigen Höhen ein Dorf, dessen Signum ein kurzer klobiger Backsteinkirchturm ist und dessen Hauptstraße kurz und gut die Mittelstraße heißt, und die wird zu beiden Seiten begleitet von der Kaffeestraße und Kirchstraße und ist mit ihnen verbunden durch mehrere Sträßlein, deren offizielle Namen man nur in dem heimatkundlichen Unterricht der Schule hört; später vergißt man sie und bezeichnet die Sträßlein nach irgendeinem irgendwie hervorstechenden Anwohner. Die Bewohner aber neigen ein wenig zum Kretinismus und haben insbesondere vor ihren Nachbarn einen eigentümlichen hämischen und bissigen Witz voraus – sonst leben sie wie diese in den Tag und wissen nichts von der transzendenten Idealität der Zeit, der Verneinung des Willens, dem Pathos der Distanz und wären so glücklich wie ihr Vieh, wenn sie eben nicht den hämischen Witz hätten und so eingefleischte Ebenbilder ihres Gottes wären."[45] □

GUSTAV SACK

Gustav Sack (geboren 1885) pflegte zu den Mitmenschen des damals etwa 1.000 Seelen zählenden Schermbecker Ortskerns ein schwieriges Verhältnis. Der Sohn der Volksschullehrer*innen Ernst und Johanna Sack studierte in Greifswald, Münster und Halle Germanistik und Naturwissenschaften. Gustav Sack beendete das Studium jedoch nicht. Nachdem er im September 1914 zum Militärdienst eingezogen worden war, diente er zunächst an der Westfront, wo er nebenbei novellistische Skizzen anfertigte. Er fiel schließlich im Dezember 1916 bei Finta Mare in Rumänien als Leutnant der Reserve. Zeitlebens hatte er vergeblich versucht, einen Verlag für seine Werke zu finden. Seinen Nachruhm verdankt er daher vor allem seiner Ehefrau, Paula Sack (geb. Harbeck). Dabei sorgte sein Werk, als es erstmals 1917 bei S. Fischer erschien, für ein kurzes Aufhorchen der Literaturwelt. Gelobt wurde es von Erich Maria Remarque, Ernst Jünger, Thomas Mann und Theodor W. Adorno. □

WEITERE LITERATUR

- Gustav Sack: Ein Namenloser. Berlin: S. Fischer 1919.
- Gustav Sack: Gesammelte Werke. Hrsg. v. Paula Sack. Berlin: S. Fischer 1920. Frei abrufbar unter archive.org.
- Gustav Sack: Gesammelte Werke. Hrsg. v. Walter Gödden und Steffen Stadthaus. Bielefeld: Aisthesis 2011.

WEITERE INFOS

- Die Mittelstraße ist das Herzstück der Gemeinde Schermbeck. Bücherfreund*innen werden bei Buch & Kunst Schmickler in der Hausnummer 33 fündig. Außerdem lädt die Mittelstraße mit kleinen Boutiquen, Restaurants und Cafés zum Bummeln und Verweilen ein.
- Im Schermbecker Dämmerwald liegt ein weiterer literarischer Ort. In Hans Marchwitzas Roman *Sturm auf Essen* (1930) fällt dort der Protagonist Franz Kreusat, ein Widerstandskämpfer der Roten Ruhrarmee. Dieser Schauplatz und Sacks Wohnhaus in der Mittelstraße liegen etwa fünf Kilometer voneinander entfernt. Für weitere Informationen empfehlen wir einen Besuch auf der *Literaturkarte. Ruhr.* Ein Schauplatz zu Marchwitzas *Die Kumiaks* wird außerdem auf Seite 96 vorgestellt.
- Wer wie Erich Schmidt die Schermbecker Natur erkunden möchte, kann dies zu Fuß oder auf dem Rad tun. Die Gemeinde hat eine eigene Rad- und Wanderroute, die auf insgesamt 70 Kilometern Strecke durch alle Ortsteile führt und dabei 57 Sehenwürdigkeiten und 25 Gastwirtschaften passiert. (Weitere Informationen zur Routenführung unter www.schermbeck-rundum.de).
- Das Heimatmuseum in der Steintorstraße 17 ist sonntags in der Zeit von 10 bis 13 Uhr geöffnet. Dort gibt es unter anderem eine Dauerausstellung über die Geschichte und Kultur Schermbecks.

LISELOTTE RAUNER: ERZÄHLENDE CHRONIK „WATTENSCHEID IM LAUFE DER ZEIT“

Die Künstlergarderobe der Waldbühne

LITERATURSTECKBRIEF

ORT

Waldbühne Höntrop

ADRESSE

Am Südpark 38,
44869 Bochum

KOORDINATEN

51.4587034 N 7.1534439 E

ÖPNV

Bahn S1, Busse 365, 389 und 390,
Haltestelle Wattenscheid-Höntrop

LITERARISCHES WERK

Liselotte Rauner: Erzählende Chronik „Wattenscheid im Laufe der Zeit". Hrsg. v. Heimatverein Wattenscheid. Wattenscheid 1972.

Beiträge zur Geschichte der Stadt Wattenscheid Heft 2

Erzählende Chronik
„Wattenscheid im Lauf der Zeit"
von Liselotte Rauner

veröffentlicht anläßlich des Stadtfestes
555 Jahre selbständiges Wattenscheid
vom 13.10. bis 16.10.1972

Herausgegeben vom
Heimatverein Wattenscheid

Der Heimatverein Wattenscheid veröffentlicht anlässlich des Stadtfestes „555 Jahre selbstständiges Wattenscheid" 1972 das zweite Heft der *Beiträge zur Geschichte der Stadt Wattenscheid.* Der Verein bittet die Autorin Liselotte Rauner um einen Beitrag und so entsteht ihre erzählende Chronik *Wattenscheid im Laufe der Zeit.*

Vor allem das selbstständige Wattenscheid steht im Zentrum ihrer Auseinandersetzung mit der Stadtgeschichte. Der Fokus ihrer erzählenden Chronik liegt bewusst nicht auf politischen Größen und Helden der Geschichte, sondern darauf, was die Bewohner der Stadt gemeinsam geleistet haben. Liselotte Rauner beginnt aus gutem Grund mit dem Jahr 1417 die Geschichte der selbständigen Stadt: Wattenscheid werden die Freiheitsrechte gewährt. 1585 eröffnet die erste Schule und der bildungspolitischen Weiterentwicklung scheint nichts im Wege zu stehen, bis etliche Kriege ihre Opfer fordern. Immer wieder liegt es an der Bevölkerung, die Stadt aufzubauen. Im 19. Jahrhundert hält der Bergbau mit den Schachtanlagen „Holland" und „Centrum" Einzug in Wattenscheid. Doch fokussiert sich die Stadt glücklicherweise nicht nur darauf, den Bergbau unter allen Umständen restlos auszuschöpfen, sondern gleichermaßen „[...] der landschaftlichen Entstellung mit wirkungsvollen Maßnahmen entgegenzuwirken. Mit der Anlage des Höntroper Südparks inmitten des noch bebauten Ackerlandes wurde dem Erholungsbedürfnis der Bevölkerung ein grüner Freiraum geschaffen, der als Naturkulisse die von Kindern gern und viel besuchte Märchenbühne umschließt."[46] Auch nach dem Zweiten Weltkrieg zeigen die Wattenscheider*innen Stärke und Schaffenskraft. Schnell werden Orientierungshilfen eingerichtet und die Versorgung mit allen Mitteln wieder hergestellt. Rasant öffnen die Stadtbücherei, die Schule und sogar Konzertsäle. „Der Krieg und dessen bitteres Ende brachten Wattenscheid die härteste Niederlage, die Bewältigung der Folgen den größten Sieg seiner Geschichte. [...] Mit neuen freundlichen Straßenzeilen hat es die ersten Kapitel seiner Nachkriegsgeschichte mit Schönschrift geschrieben. Mit grüner Interpunktion Ruhepausen gesetzt zwischen Abschnitten klarer Zweckmäßigkeit."[47] □

★ DIE WALDBÜHNE IM SÜDPARK

Diese „grüne Interpunktion", zu der unter anderem der Höntroper Südpark mit der kleinen zauberhaften Märchenbühne gehört, ist einen Besuch wert. In den Sommermonaten spielt auf dieser Bühne kein Ensemble eines Schauspielhauses, sondern eine Wattenscheider Laiengruppe und zaubert seit 1954 den Kindern ein Lächeln ins Gesicht. Darüber hinaus befindet sich im Südpark ein kleines Tiergehege, welches Schafe, Ziegen und Damwild beherbergt. Nicht weit davon liegt das Hallenfreibad Höntrop. All dies macht den Südpark nicht nur zu einem attraktiven Ort für Familienausflüge, sondern darüber hinaus zu einer grünen Oase im Ruhrgebiet. □

LISELOTTE „LILO“ RAUNER

„Was gibt mir der Staat?
Er gibt mir zu denken“[48]

So lautet eines der unzähligen Epigramme von Liselotte Rauner (1920–2005), auch „Lilo“ genannt, einer Schriftstellerin und Lyrikerin des Ruhrgebietes. Kein Blatt nimmt sie vor den Mund und spricht sämtliche Missstände an, die in der Politik und Gesellschaft ihrer Zeit auffallen. Treffsicher, genau ins Schwarze zielen nicht nur die Epigramme, sondern ebenfalls ihre Gedichte, Lieder und Kurzprosa. Geboren wurde Rauner als Liselotte Clemens in Bernburg an der Saale. Nach einer Kaufmännischen Lehre sowie nach einer Gesangs- und Schauspielausbildung zieht die 28-Jährige mit ihrem Mann Walter Rauner nach Wattenscheid. Dort wendet sie sich nach Jahren der darstellenden Kunst zunehmend der Literatur zu. Ihr Durchbruch als Schriftstellerin erfolgt erst 1968. Inmitten der Student*innenrevolten, die auch das Ruhrgebiet nicht unberührt lassen, wird Liselotte Rauner zu einer zunehmend gelesenen und gehörten Schriftstellerin. Mit der von Hugo Ernst Käufer, Dr. Rainer Kabel und Detlef Marwig gegründeten „Literarischen Werkstatt Gelsenkirchen“ findet Liselotte Rauner ihren ersten literarischen Ankerpunkt. Es werden Lesungen organisiert, welche sich von sämtlichen bildungsbürgerlichen Formen entfernen. Gelesen wird in der Masse: in Bahnhöfen, Kaufhäusern und Kneipen. So kam es zum Austausch zwischen Dichtern und Menschen aus sämtlichen Teilen der Gesellschaft. „Hier gab es kein Schummeln mit esoterischen Gesten. Hier hieß es: Farbe bekennen.“[49] Wenig später veröffentlicht die „Literarische Werkstatt Gelsenkirchen“ einen Sammelband mit dem Titel *Beispiele Beispiele,* in welchem auch Texte von Liselotte Rauner zu finden sind. Damit etabliert sich Lilo immer mehr in der literarischen Welt des Ruhrgebiets und nicht nur das – sie selbst bietet ein Forum des Austauschs. Im Keller der Rauners, in der hauseigenen Schreibwerkstatt, entsteht ein Treffpunkt für Literat*innen, wo bis spät in die Nacht diskutiert wird. Hugo Ernst Käufer beschreibt Lilo als eine Frau, „[...] die ganz wesentlich zu einer öffentlichen Wahrnehmung der Literatur in unserem Land beigetragen hat.“[50]

Der Fokus ihrer Werke liegt dabei durchgehend auf den Missständen in der Arbeitswelt, Ausbeutung, Umweltverschmutzung und Fehlverhalten der Regierung. 1969 erhält sie den Preis des Werkkreises Literatur der Arbeitswelt, 1986 den ersten Literaturpreis Ruhrgebiet und 1993 die Ehrenplakette der Stadt Bochum. 1998 gründet sie in Gedenken an ihren Mann die „Liselotte und Walter Rauner Stiftung“, die einzige von einer Privatperson initiierte Stiftung in NRW, die sich bis

heute um die Förderung der Literatur der Gegenwart bemüht.
Bis zu ihrem Tod lebt Liselotte Rauner in der Stresemannstraße 48 in Wattenscheid, wo früher im Keller wild diskutiert und geplant wurde, und wo heute noch eine Gedenktafel an sie erinnert. Ihr Nachlass ist im Stadtarchiv Bochum zugänglich. ◻

WEITERE LITERATUR

- Liselotte Rauner: Was gültig ist, muss nicht endgültig sein. Essen: Pomp 1992.
- Liselotte Rauner: Kein Grund zur Sorge. Oberhausen: Asso Verlag 1985.
- Liselotte Rauner: Der Wechsel ist fällig. Recklinghausen: Bitter 1970.

WEITERE INFOS

- Weitere Informationen zur Waldbühne Höntrop und den aktuellen Spielplan unter www.waldbuehne-hoentrop.de.
- Mit Blick auf die Stadtgeschichte lohnt sich der etwas weitere Weg zum Alten Markt. Dort befindet sich die St. Gertrudiskirche mit einem 1000-jährigen Taufstein.
- Einmal am Alten Markt angekommen, ist das Restaurant „Baseburger" sehr zu empfehlen, in dem qualitativ hochwertige Bio-Burger serviert werden. Ältere Wattenscheider*innen gehen mit Vorliebe in „Susannes Caféstübchen", wo es neben kleinen Mahlzeiten vorzügliche Waffeln gibt.

Die Gedenktafel in der Stresemannstraße

JUSTUS GRUNER: WESEL

Die Zitadelle in Wesel

LITERATURSTECKBRIEF

ORT
Zitadelle Wesel

ADRESSE
An der Zitadelle,
46483 Wesel

KOORDINATEN
51.6517 N 6.6153 E

ÖPNV
diverse Busse bis zur Haltestelle Stettiner Straße, dann ca. fünf Minuten Fußweg

LITERARISCHES WERK
Justus Gruner: Wesel. In: Niederrhein-Reise. Hrsg. v. Günther Elbin. Duisburg: Mercator Verlag 1985, S. 54–57.

Bei Justus Gruners Werk *Wesel* handelt es sich um einen kurzen Reisebericht des preußischen Staatsbeamten. Dieser ist Teil einer umfassenden Schilderung der gesamten Niederrhein-Region aus dem Jahr 1805. Es wird deutlich, das der aus Osnabrück stammende Gruner nur wenig für die Hansestadt am Rhein übrig hat. Er fühlt sich innerhalb der Stadtmauern wie ein Gefangener und er verliert schnell jedwede Freude an seinem Besuch. „Denn nie bin ich einem Orte so gram geworden als diesem, in dem sich alles gegen meine Individualität [...] verschworen zu haben schien."[51]
Schnell verlässt er die von ihm empfundene Enge der Weseler Stadtmauern und vergleicht sich mit Schillers *Maria Stuart*, als diese zum ersten Mal

nach ihrer Gefangenschaft an die frische Luft tritt. „Ich aber kann Wesel nicht rühmen, sondern gestehe gern, daß ich herzlich froh war, als ich seinen freudeleeren Kreis, seine hohen dumpfigen Mauern wieder hinter mir hatte.“[52] ◻

★ DIE ZITADELLE WESEL

Die Zitadelle Wesel ist die größte erhaltene Festungsanlage des Rheinlands und wurde 1688 bis 1722 nach Plänen von Johan de Corbin errichtet. Sie wurde in Form eines fünfzackigen Sternes mit fünf Bastionen und fünf Ravelins angelegt. Justus Gruner erscheint die preußische Zitadelle während seines Besuchs in Wesel besonders bedrückend. Er berichtet: „Am unangenehmsten aber die Zitadelle selbst, die ich zwar nicht ganz besichtigen, doch mir darauf den traurigen Anblick der hier gefangenen Verbrecher verschaffen durfte, welcher mich vollends verstimmte.“[53]
Aus heutiger Sicht ist diese Einschätzung der Zitadelle Wesel kaum noch nachvollziehbar. Denn sie dient als Kulturzentrum und beherbergt u. a. eine Musik- und Kunstschule sowie das Stadtarchiv. Im ehemaligen Getreidedepot der Zitadelle befindet sich außerdem das LVR-Niederrheinmuseum Wesel, das auf einer 2.000 Quadratmeter großen Ausstellungsfläche Exponate zur rheinisch-preußischen Geschichte zeigt. ◻

JUSTUS GRUNER

Justus Gruner wurde 1777 in Osnabrück geboren. Er studierte Rechts- und Staatswissenschaft an den Universitäten Halle und Göttingen und kehrte anschließend als Jurist in seine Heimatstadt zurück. Gruner trat 1802 in den preußischen Staatsdienst ein und übte verschiedene Ämter aus, bis er schließlich 1809 zum ersten Polizeipräsidenten Berlins berufen wurde. In dieser Position reformierte er erfolgreich die Berliner Polizei und wurde 1811 zum Chef der höheren Polizei in Preußen befördert. Enttäuscht über die Zurückhaltung des preußischen Königs gegenüber Napoleon, kündigte Gruner seine Anstellung nur ein Jahr später. Nach einer Tätigkeit für den russischen Zaren kehrte er schließlich 1813 nach Preußen zurück und setze sich auch hier für die Etablierung einer antinapoleonischen Allianz ein. Nach der endgültigen Niederlage Napoleons 1815 wurde Gruner Chef der alliierten Polizei in Frankreich und Polizeidirektor des besetzten Paris. Im selben Jahr erhielt er vom preußischen König den Adelstitel für seine Verdienste. Justus Gruner verstarb 1820 in Wiesbaden. ◻

Haupttorgebäude der Zitadelle

WEITERE LITERATUR

- Justus Gruner: Auf kritischer Wallfahrt zwischen Rhein und Weser. Justus Gruners Schriften in den Umbruchsjahren 1801 bis 1803. Köln: Böhlau 2009.

WEITERE INFOS

- Die Weseler Innenstadt, die nur wenige Gehminuten von der Zitadelle entfernt liegt, kann mit einigen interessanten Sehenswürdigkeiten aufwarten. Dazu zählen das Berliner Tor, die historische Rathausfassade oder der Willibrordidom, eine spätgotische Basilika aus dem 16. Jahrhundert. Architektonisch bedeutsam ist außerdem die Niederrheinbrücke, die im Jahr 2009 fertiggestellt wurde.
- Die interaktive App „Zeitfenster Wesel" ermöglicht interessierten Besucher*innen einen Blick auf die Geschichte Wesels anhand historischer Fotografien und eines zweisprachigen Audioguides. Die Kamera des Smartphones oder Tablets dient dabei als Fenster in die Vergangenheit.
- Nicht unerwähnt bleiben sollte außerdem der Esel von Wesel, der sich über die Stadtgrenzen hinaus einiger Berühmtheit erfreut. Denn wer kennt nicht das alte Echo-Spiel „Wie heißt der Bürgermeister von Wesel?" So überrascht es wenig, dass man den Esel von Wesel auf vielfältige Art und Weise auch im Stadtbild wiederfindet.

PAUL BAHLMANN: VOLMARSTEINS SAGENSCHATZ

Die Burg Volmarstein

LITERATURSTECKBRIEF

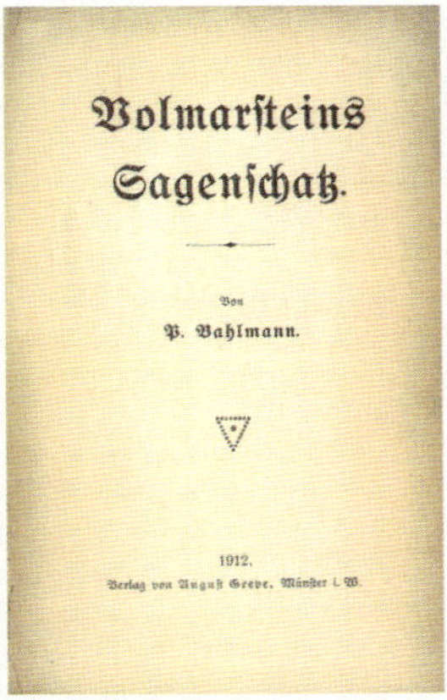

ORT
Burg Volmarstein
ADRESSE
Kramerweg,
58300 Wetter (Ruhr)
KOORDINATEN
N 51.3749 E 7.3825
ÖPNV
Busse 553 und 555, Haltestellen
Hauptstraße oder Volmarstein Dorfplatz
LITERARISCHES WERK
Paul Bahlmann: Volmarsteins Sagenschatz.
Münster: Greve 1912.

Paul Bahlmanns *Volmarsteins Sagenschatz* versammelt mehr als zehn Sagen über das kleine Dorf im Ruhrtal. Als Erzählerfigur lässt Bahlmann die Fee von Volmarstein, ihres Zeichens selbst eine sagenhafte Gestalt, auftreten. Diese berichtet einem namenlosen Zuhörer nicht nur allerlei Märchenhaftes, sondern auch einige interessante historische Fakten über das Dorf Volmarstein und dessen Bewohner*innen. Dabei werden auch immer wieder Werke anderer Autor*innen erwähnt, wie beispielsweise das auf einer Sage beruhende Gedicht Der *Junker von Volmarstein* von Wolfgang Müller. Einige Fotografien des Dorfes Volmarstein und ein Anhang mit insgesamt drei Gedichten zu Volmarsteiner Sagengestalten vervollständigen Bahlmanns Werk, das im Jahr 1911 erstmals erschien. ◻

★ DIE BURG VOLMARSTEIN

„Es war am frühen Abend,
Ich lag am Hohenstein
da schwebt' zu mir hernieder
Die Fee von Volmarstein.
[...]
‚Steh auf, du stiller Träumer,
Steh auf und folge mir;
Was hier noch lebt an Sagen
Will gern ich künden dir!'
[...]
Dann stiegen wir zusammen
Zum Turm der Burg empor,
Und, sitzend mir zur Seite,
Trug dort die Holde vor:"[54]

So lockt die Fee von Volmarstein ihren Zuhörer in die sagenhafte Welt ihrer Erzählung. Als Vortragsort wählt sie die Ruine der Burg Volmarstein, die bis heute auf einem Bergrücken oberhalb des Dorfes thront. Die Burg Volmarstein wurde ursprünglich im Jahr 1100 vom damaligen Kölner Erzbischof erbaut und den Herren von Volmarstein als Lehen übertragen. Eben jenes Geschlecht spielt auch in den von Bahlmann versammelten Sagen eine zentrale Rolle. So wandeln zum Beispiel der in Liebe entbrannte Gerwich von Volmarstein, die Einsiedlerin Gertrud von Volmarstein oder der grausame Junker von Volmarstein als Sagenfiguren durch die Ruine der altehrwürdigen Burg. Die Burg Volmarstein und ihre Bewohner*innen dienten mehr als ein Jahrhundert als schützender Vorposten des Bistums Köln, bis sie zunehmend zum Spielball der politischen Machthaber in Westfalen wurden. Zerstörung und Wiederaufbau wechselten sich ab. So wurde die Burg sowohl 1288 als auch 1324 von den Grafen von der Mark belagert und niedergerissen. Beide Male folgte eine erneute Errichtung. Erst im 15. Jahrhundert wurde die Burg schließlich endgültig aufgegeben und verfiel allmählich. Heute sind nur noch wenige Grundmauern der Burg sowie die Fundamente von drei Türmen erhalten. □

PAUL BAHLMANN

Paul Bahlmann wurde im Jahr 1857 in Neustadt in Schlesien (heute Prudnik in Polen) geboren. Er studierte Naturwissenschaften in Berlin und Göttingen und promovierte anschließend in Erlangen. Erst einige Jahre später wandte sich Bahlmann der Literatur sowie der Lokal- und

Hinweisschild an der Burgruine

Regionalgeschichte zu, arbeitete unter anderem in der Biblioteca Paulina (später die Universitätsbibliothek in Münster) und wurde schließlich im Jahr 1894 zum Bibliothekar ernannt. Er stieg zum Oberbibliotheksrat auf und wurde zu einem Mitbegründer der Westfälischen Heimatbewegung. Während seiner Tätigkeit als Bibliothekar gründete er außerdem die Historische Kommission für Westfalen. Paul Bahlmann verstarb 1937 in Münster. ◻

WEITERE LITERATUR

- Paul Bahlmann: Westfälischer Sagenkranz. Münster: Mitsdörffer 1897.
- Paul Bahlmann: Heimatklänge aus Westfalen. Münster: Greve 1913.
- Paul Bahlmann: Ruhrtal-Sagen von der rheinisch-westfälischen Grenze. Münster: Coppenrath 1913.

WEITERE INFOS

- Die Burg Volmarstein thront hoch oben über dem Dorf Volmarstein. Von hier bietet sich ein Panoramablick auf die Stadt Wetter und den Harkortsee, das Dorf Volmarstein und das Ardeygebirge.
- Unterhalb der Burg liegt das Burghotel Volmarstein, das seit 200 Jahren in Familienbesitz ist. Die ehemalige Poststation ist heute ein modernes Hotel, das für unterschiedliche Anlässe gebucht werden kann.
- Ebenfalls in Fußnähe liegen die denkmalgeschützte evangelische Dorfkirche, der historische Dorfplatz Volmarstein sowie das italienische Restaurant „L'Osteria".
- Paul Bahlmann hat noch weitere Ruhrtal-Sagen gesammelt, beispielsweise zur Burg Altendorf in Essen (vgl. S. 52).

ORTE DER LITERATUR
– EINE AUSWAHL –

Diese Liste stellt eine Auswahl dar und soll anregen, weitere Recherchen zu betreiben und Orte der Literatur wie Bibliotheken, Archive, Literaturhäuser oder Buchhandlungen zu besuchen. Aus Platzgründen wurden Filialen von Buchhandelsketten nicht mit aufgenommen, diese kann man online unter www.mayersche.de, www.thalia.de oder www.hugendubel.de suchen.

Weitere Institutionen und Kultureinrichtungen sowie Buchhandlungen sind unter www.literaturkarte.ruhr aufgeführt.

Bochum

Bibliotheken:

▸ Bibliothek des Ruhrgebiets;
Clemensstr. 17–19, 44789 Bochum;
www.isb.ruhr-uni-bochum.de/bdr/index.html.de

▸ Stadtbücherei Bochum (Zentralbücherei);
Gustav-Heinemann-Platz 2–6, 44777 Bochum;
www.bochum.de/stadtbuecherei

▸ Universitätsbibliothek der Ruhr-Universität Bochum;
Universitätsstr. 150, 44801 Bochum;
www.ub.ruhr-uni-bochum.de

Buchhandlungen:

▸ Buchhandlung Mirhoff & Fischer OHG;
Pieperstr. 12, 44789 Bochum;
www.mirhoff-fischer.de

▸ Janssen Universitätsbuchhandlung GmbH;
Brüderstr. 3, 44787 Bochum;
www.janssen-buecher.de

▸ Ubu – Antiquariat;
Universitätsstr. 38/41, 44789 Bochum;
keine Website. Weitere Informationen jedoch unter: www.bochumschau.de/video/ubu-2011.htm

▸ Uni-Buchladen im Campuscenter der Ruhr-Universität Bochum,
Universitätsstr. 150, 44801 Bochum,
vor den Gebäuden der G-Reihe;
www.campus-center.de/index.php?id=15&no_cache=1

▸ Schaten Universitätsbuchhandlung, im Unicenter,
Querenburger Höhe 230, 44081 Bochum;
www.schaten.buchhandlung.de/shop/

Institutionen:

▸ Deutsches Bergbaumuseum, Bibliothek und Fotothek (Benutzung nach Voranmeldung);
Am Bergbaumuseum 28, 44791 Bochum;
www.bergbaumuseum.de

▸ Literarische Gesellschaft Bochum;
Plaßhofstr. 1, 44795 Bochum;
www.literarische-gesellschaft-bochum.de

▸ Liselotte und Walter Rauner Stiftung zur Förderung der Lyrik in Nordrhein-Westfalen;
c/o Kulturbüro der Stadt Bochum,
Westring 32, 44787 Bochum

Bottrop

Bibliotheken:

▸ Stadtbibliothek Bottrop, Zentrale im Kulturzentrum August Everding;
Böckenhoffstr. 30, 46236 Bottrop;
www.bottrop.de/kultur-und-bildung/bibliothek

▸ Bibliothek der Hochschule Ruhr West, Campus Bottrop;
Lützowstr. 5, 46236 Bottrop;
www.hochschule-ruhr-west.de/schnelleinstieg/bibliothek

Buchhandlungen:

▸ Buchhandlung Erlenkämper;
Hochstr. 35, 46236 Bottrop;
www.erlenkaemper.com

Dinslaken

Bibliotheken:

▸ Stadtbibliothek Dinslaken;
Friedrich-Ebert-Str. 84, 46535 Dinslaken;
www.bibliothek-dinslaken.de

Buchhandlungen:

▸ Buchhandlung Korn;
Eppinghovener Str. 24, 46535 Dinslaken;
www.buchhandlung-korn.de

▸ Hiesfelder Buchstube;
Hohlstr. 1B, 46539 Dinslaken-Hiesfeld;
www.hiesfelder-buchstube.de

Dortmund

Bibliotheken:

▸ Bibliothek der FH Dortmund;
Emil-Figge-Str. 44, 44227 Dortmund
(weitere Standorte: Sonnenstr. und Max-Ophüls-Platz);
www.fh-dortmund.de/de/hs/servicebe/bibl/index.php

▸ Bibliothek der Technischen Universität Dortmund;
Vogelpothsweg 76, 44227 Dortmund;
www.ub.tu-dortmund.de

▸ Stadt- und Landesbibliothek Dortmund;
Max-von-der-Grün-Platz 1–3
ehem. Königswall 18, 44137 Dortmund;
www.bibliothek.dortmund.de

Buchhandlungen:

▸ Buchhandlung Am Amtshaus;
Am Amtshaus 8, 44359 Dortmund;
www.buchhandlung-am-amtshaus.de

▸ Buchhandlung Anton Reiser;
Kleine Beurhausstr. 4, 44137 Dortmund;
www.dortmund-ahoi.de/laeden-dienste/klamotten-und-accessoires-in-dortmund/buchhandlung-anton-reiser

▸ Buchhandlung Seitenreich;
Huckarder Str. 352, 44369 Dortmund;
www.buchhandlung-seitenreich-dortmund.de

▸ transfer. bücher und medien;
An der Schlanken Mathilde 3,
44263 Dortmund;
www.transfer-dortmund.de

Institutionen:

▸ Fritz-Hüser-Institut für Literatur und Kultur der Arbeitswelt;
Grubenweg 5, 44388 Dortmund;
www.fhi.dortmund.de

▸ grafit Verlag;
Chemnitzer Str. 31, 44139 Dortmund;
www.grafit.de

▸ jugendstil, Kinder- und Jugendliteraturzentrum NRW;
Wittener Str. 3, 44149 Dortmund;
www.jugendstil-nrw.de

▸ literaturhaus.dortmund;
Neuer Graben 78, 44139 Dortmund;
www.literaturhaus-dortmund.de

▸ Melange. Literarische Gesellschaft zur Förderung der Kaffeehauskultur e. V.;
Am Rombergpark 49b, 44225 Dortmund;
www.melange-im-netz.de

▸ OCM Verlag;
Sölder Str. 152, 44289 Dortmund;
www.ocm-verlag.de

Duisburg

Bibliotheken:

▸ Stadtbibliothek (Zentralbibliothek);
Steinsche Gasse 26, 47051 Duisburg;
www2.duisburg.de/stadtbib

▸ Universitätsbibliothek Duisburg; u. a.
Lotharstr. 65, 47057 Duisburg;
www.uni-due.de/ub/index.php

Buchhandlungen:

▸ Buchhandlung Lesezeichen;
Emscherstr. 213, 47166 Duisburg;
www.lesezeichen-hamborn.de

▸ Buchhandlung Scheuermann;
Sonnenwall 45, 47051 Duisburg;
www.scheuermann.de

▸ Buchhandlung Was ihr wollt;
Münchener Str. 53, 47249 Duisburg;
www.buchhandlung-wasihrwollt.de
▸ Buchhandlung Weltbühne;
Gneisenaustr. 226, 47057 Duisburg;
www.buchhandlung-weltbuehne.de
▸ Flummi – Die Buchhandlung;
Gerhart-Hauptmann-Str. 6,
47058 Duisburg;
www.flummidiebuchhandlung.de
▸ Tausendundein Buch;
Oststr. 125, 47057 Duisburg;
www.tausendundeinbuch.info

Institutionen:
▸ Interessengemeinschaft Literatur, Kultur und Gesellschaft e. V. (I.G.E.L.);
Saarbrücker Str. 3, 47053 Duisburg;
www.igel-ev.de
▸ Mercator-Verlag;
Stresemannstr. 20–22, 47051 Duisburg;
www.mercator-verlag.de

Essen

Bibliotheken:
▸ Stadtbibliothek Essen (Zentralbibliothek);
Hollestr. 3 (Gildehof), 45127 Essen;
www.stadtbibliothek-essen.de
▸ Universitätsbibliothek Essen;
Universitätsstr. 9–15, 45141 Essen;
www.uni-due.de/ub

Buchhandlungen:
▸ Buchhandlung Alex liest Agatha;
Eduard-Lucas-Str. 18, 45131 Essen;
www.buchalex.de
▸ Buchhandlung Polberg;
Kaiser-Wilhelm-Platz 6, 45276 Essen;
www.polberg.de
▸ Heinrich-Heine Buchhandlung;
Viehofer Platz 8, 45127 Essen;
www.heine-buch.de
▸ Proust WÖRTER & TÖNE;
Akazienallee/Am Handelshof 1,
45127 Essen;
www.buchhandlung-proust.de
▸ Westhoffsche Buchhandlung Platzer;
Paßstr. 32, 45276 Essen;
www.platzer-buch.de

Institutionen:
▸ GREND Kulturzentrum;
Westfalenstr. 311, 45276 Essen;
www.grend.de oder www.literatuerk.de
▸ Klartext Verlag;
Friedrichstr. 34–38, 45128 Essen;
www.klartext-verlag.de
▸ Literarische Gesellschaft Ruhr e.V.;
Am Handelshof 1, 45127 Essen;
www.literarische-gesellschaft-ruhr.de

Gelsenkirchen

Bibliotheken:
▸ Stadtbibliothek Gelsenkirchen;
Ebertstr. 19, 45879 Gelsenkirchen;
www.stadtbibliothek.gelsenkirchen.de

Buchhandlungen:
▸ Buchhandlung Lothar Junius;
Sparkassenstr. 4, 45879 Gelsenkirchen;
www.buchhandlung-junius.de
▸ Heroes Stash – Comics etc.;
Wiehagen 12, 45879 Gelsenkirchen;
www.heroes-stash.de
▸ Buchhandlung Kottmann;
Nienhofstr. 5, 45894 Gelsenkirchen;
www.kottmann24.buchhandlung.de

Gevelsberg

Bibliotheken:

▸ Stadtbücherei Gevelsberg;
Wittener Str. 13, 58285 Gevelsberg;
www.gevelsberg.de/Freizeit-u-Tourismus/Kultur/Bücherei

Buchhandlungen:

▸ Buchhandlung Appelt,
Mittelstr. 76, 58258 Gevelsberg;
www.buchhandlung-appelt.de

Hamm

Bibliotheken:

▸ Stadtbücherei Hamm (Zentralbibliothek);
Platz der Deutschen Einheit 1,
59065 Hamm;
www.hamm.de/stadtbuecherei

Buchhandlungen:

▸ Buchhandlung Akzente;
Oststr. 13, 59065 Hamm;
www.akzente-hamm.de
▸ Buchhandlung Edmund Peters;
Oststr. 26, 59065 Hamm
▸ Buchhandlung Luise Harms;
Alter Uentroper Weg 189,
59071 Hamm-Werries

Hattingen

Bibliotheken:

▸ Stadtbibliothek Stadt Hattingen;
Reschop Carré 1, 45525 Hattingen;
www.hattingen.de/stadt_hattingen/Bildung%20und%20Kultur/Stadtbibliothek/

Institutionen:

▸ Deutsches Aphorismus Archiv;
Marktplatz 1–3, 45527 Hattingen-Blankenstein; www.dapha.de

Herne

Bibliotheken:

▸ Martin-Opitz-Bibliothek;
Berliner Platz 5, 44623 Herne;
www.martin-opitz-bibliothek.de
▸ Stadtbibliothek Herne;
Willi-Pohlmann-Platz 1, 44623 Herne;
www.herne.de/Kultur-und-Freizeit/Kulturelle-Bildung/Stadtbibliothek/

Buchhandlungen:

▸ Buchhandlung im Literaturhaus;
Bebelstr. 18, 44623 Herne;
www.koethers-roettsches.de

Institutionen:

▸ Literaturhaus Herne;
Bebelstr. 18, 44623 Herne;
www.literaturhaus-herne-ruhr.de

Lünen

Bibliotheken:

▸ Stadtbücherei Lünen;
Stadttorstr. 5, 44532 Lünen;
www.luenen.de/stadtbuecherei

Buchhandlungen:

▸ Lippe Buchhandlung;
Münsterstr. 1C, 44534 Lünen;
www.lippebuchhandlung.de

Marl

Bibliotheken:

▸ Zentralbibliothek Marl;
Bergstr. 230, 45768 Marl;
www.marl.de/marl-nach-themen/bildung-schule-und-erziehung/zentralbibliothek.html

Buchhandlungen:

▸ Buchhandlung Wystup und der Bücherwurm;
Brassertstr. 71, 45768 Marl;
www.buchwystup.de

▸ Buchhandlung Kottmann;
Marler Stern EKZ, 45768 Marl;
www.kottmann24.buchhandlung.de

Neukirchen-Vluyn

Bibliotheken:

▸ Stadtbücherei Neukirchen-Vluyn;
Missionshof 5, 47506 Neukirchen-Vluyn;
www.stadtbuecherei-neukirchen-vluyn.de

Buchhandlungen:

▸ Giesen-Handick Buchhandlung;
Niederrheinallee 327,
47506 Neukirchen-Vluyn;
www.giesen-handick.buchhandlung.de

▸ Neukirchener Buchhandlung;
Andreas-Bräm-Str. 18/20,
47506 Neukirchen-Vluyn;
www.neukirchener-buchhandlung.de

Oberhausen

Bibliotheken:

▸ Stadtbibliothek Oberhausen;
Bert-Brecht-Haus,
Langemarkstr. 19–21, 46045 Oberhausen;
www.bibliothek.oberhausen.de

Buchhandlungen:

▸ Revierbuchhandlung Glück Auf;
Kirchstr. 20, 46117 Oberhausen;
www.revierbuchhandlung.de

▸ Wiebus' Buchhandlung und Antiquariat;
Steinbrinkstr. 249, 46145 Oberhausen;
www.wiebus.net

Institutionen:

▸ Asso Verlag; Hasenstr. 15,
46119 Oberhausen;
www.assoverlag.de

▸ Literaturhaus Oberhausen;
Marktstraße 146, 46045 Oberhausen;
www.literaturhaus-oberhausen.de

Recklinghausen

Bibliotheken:

▸ Stadtbücherei Recklinghausen;
Herzogswall 17, 45657 Recklinghausen;
www.recklinghausen.de/Inhalte/Startseite/Familie_Bildung/Stadtbuecherei

Buchhandlungen:

▸ Buchhandlung Ulrike Musial;
Münsterstr. 17, 45657 Recklinghausen;
www.buchhandlung-recklinghausen.de

▸ Buchhandlung Winkelmann;
Steinstr. 2, 45657 Recklinghausen;
www.winkelmann-buch.de

- Bücherforum;
Bochumer Str. 137, 45661 Recklinghausen;
www.buecherforum-recklinghausen.de
- Attatroll Buchladen;
Herner Str. 16, 45657 Recklinghausen,
www.attatroll-buchladen.business.site/
- Buchhandlung Peter Paul Streubel e. K. Recklinghäuser Antiquariat;
Herrenstr. 14, 45657 Recklinghausen

Institutionen:
- Neue Literarische Gesellschaft Recklinghausen e. V. (NLGR);
Elper Weg 90, 45657 Recklinghausen;
www.nlgr.de

Schermbeck

Bibliotheken:
- Gemeindebücherei Schermbeck;
Weseler Str. 1, 46514 Schermbeck;
www.schermbeck.de/de/dienstleistungen/buecherei

Buchhandlungen:
- Buch & Kunst Schmickler,
Mittelstr. 33, 46514 Schermbeck

Wattenscheid

Bibliotheken:
- Stadtbücherei Wattenscheid;
Alter Markt 1, 44866 Bochum;
www.bochum.de/stadtbuecherei

Buchhandlungen:
- Buchhandlung Van Kempen;
Saarlandstr. 7, 44866 Bochum;
www.vankempen.buchhandlung.de

Wesel

Bibliotheken:
- Stadtbücherei Wesel;
Ritterstr. 12–14, 46483 Wesel;
www.wesel.de/de/dienstleistungen/stadtbuecherei

Buchhandlungen:
- Buchhandlung Korn,
Brückstr. 13, 46483 Wesel;
www.buchhandlung-korn.de

Institutionen:
- GEDOK Geschäftsstelle Niederrhein-Ruhr,
Kastanienallee 3, 46487 Wesel-Diesfordt

Wetter

Bibliotheken:
- Statdbücherei Wetter (Ruhr);
Bahnhofsstr. 19, 58300 Wetter;
www.stadt-wetter.de/lebenin-wetter/stadtbuecherei/

Buchhandlungen:
- Bücherstube Draht;
Bismarckstr. 52, 58300 Wetter (Ruhr);
www.buecherstubedraht.de

QUELLEN/ZUSÄTZE

17 Staatsbibliothek zu Berlin – PK / Abteilung Historische Drucke / Signatur: 19 ZZ 5748-1/3.

25 Fotograf: Dr. Florin Laubenthal. Name und Adresse der Kapelle (Bildgegenstand): Es zeigt das Portal der „Autofahrerkapelle“ , der St. Bartholomäus-Kapelle in Bochum-Wattenscheid gegenüber dem Wattenscheider Hellweg 320.

85

119 Zum Buchcover: „Anregungen von Horst H. Baumann, Konrad Boehmer, Heinz Mack und Lothar Wolleh“.

ANMERKUNGEN

1 Bernhard, Thomas: Claus Peymann kauft sich eine Hose und geht mit mir essen. Frankfurt/M.: Suhrkamp 1990, S. 9
2 Goosen, Frank: Sommerfest. Köln: Kiepenheuer & Witsch 2012, S. 73.
3 Kortum, Carl Arnold: Die Jobsiade. Ein komisches Heldengedicht in drei Teilen. (3. Auflage) Leipzig: Insel Verlag 1920, S. 72.
4 Meade, Gordon: Bochum: The Botanical Gardens. In: The Cleaner Fish. Darlington: Arrowhead Press 2006, S. 29.
5 Rothmann, Ralf: Milch und Kohle. Frankfurt/M.: Suhrkamp 2008 (=Bibliothek Suhrkamp Bd. 1440), S. 13.
6 Cramm, Tilo: Minister Stein, Fürst Hardenberg. Die Geschichte des letzten Dortmunder Bergwerks. Teil 1 & 2. Essen: Klartext Verlag 1993.
7 Vgl. Lutz, Bernd u. Benedikt Jeßing (Hrsg.): Metzler Autorenlexikon. Deutschsprachige Dichter und Schriftsteller vom Mittelalter bis zur Gegenwart. Stuttgart: Metzler 2004.
8 Vgl. Lutz, Bernd u. Benedikt Jeßing (Hrsg.): Metzler Autorenlexikon. Deutschsprachige Dichter und Schriftsteller vom Mittelalter bis zur Gegenwart. Stuttgart: Metzler 2004.
9 Bahlmann, Paul: Ruhrtal-Sagen von der rheinisch-westfälischen Grenze. Münster: Coppenrath 1913, S. 6.
10 Basener, Anna: Als die Omma den Huren noch Taubensuppe kochte. Köln: Eichborn 2017, S. 313.
11 Grillo Theater Essen: Die Heldenbar. http://bit.ly/2ocn4hj Datum des Zugriffs: 06.02.2017.
12 Doerr, Anthony: Alles Licht, das wir nicht sehen. Aus dem Englischen von Werner Löcher-Lawrence. München: C.H. Beck 2014, S. 35.
13 Lodemann, Jürgen: Erinnerungen in der Zornigen Ameise an Geburt, Leben, Ansichten und Ende der Anita Drögemöller und die Ruhe an der Ruhr. Essen: Klartext Verlag 2007 (=Wir in Nordrhein-Westfalen. Unsere gesammelten Werke Bd. 22), S. 13–14.
14 Eckenga, Fritz: Kultur-Pflopp. In: aufRuhr. Hrsg. v. Jan-Michael Richter. Dorsten: KonturBlau 2006, S. 2.
15 Ebd.
16 Trommer, Klaus: Superstar. In: aufRuhr. Hrsg. v. Jan-Michael Richter. Dorsten: KonturBlau 2006, S. 35.
17 K.A.: Nie wieder hin. Der Spiegel, am 22.11.1961. http://bit.ly/2GrHr1b Datum des Zugriffs: 06.02.2017.
18 Kreisler, Georg: Gelsenkirchen/Die Heimatstadt. In: Europa Erlesen. Ruhrgebiet. Hrsg. v. Thomas Ernst u. Florian Neuner. Klagenfurt/Celovec: Wieser 2009, S. 165.
19 Ebd.
20 Kreisler 2009, S. 167.
21 Kreisler 2009, S. 168.
22 Ebd.
23 Ebd.

24 Kreisler 2009, S. 170.

25 Kreisler 2009, S. 171.

26 Droste-Hülshoff, Annette von: Der Tod des Erzbischofs Engelbert von Cöln. In: Gedichte. Stuttgart, Tübingen: Cotta Verlag 1844, S. 274.

27 Vgl. Klein, Ulrich: Zu Annette von Droste-Hülshofs Der Tod des Erzbischofs Engelbert von Köln. In: Gedichte und Interpretationen. Deutsche Balladen. Hrsg. v. Gunter E. Grimm. Stuttgart: Reclam 1988, S. 244–263.

28 Droste-Hülshoff 1844, S. 275.

29 Droste-Hülshoff 1844, S. 277.

30 Sondermann, Dirk: Ruhrsagen. Von Ruhrort bis Ruhrkopf. Bottrop: Henselowsky Boschmann 2005.

31 Kämpchen, Heinrich. Heimat. In: Was die Ruhr mir sang. Heimat- und Arbeitergedichte. Bochum: Hansmann 1909, S. 3.

32 51.4239 N 7.1661 E.

33 Kämpchen 1909, S. 7–8.

34 Wohlgemuth, Otto (Hrsg.): Ruhrland – Dichtungen werktätiger Menschen. Hrsg. v. Uwe-K. Ketelsen. Bielefeld: Aisthesis Verlag 2007, S. 4. (Reprint der Originalausgabe).

35 Vgl. ebd.

36 Ebd.

37 Vgl. Heydebrand, Renate von: Literatur in der Provinz Westfalen 1815–1945. Münster: Regensberg 1983.

38 Brôcan, Jürgen: Wasserwerk. In: Antidot. Berlin: Edition Rugerup 2012, S. 10.

39 Schulz, Hermann: Sonnennebel. Hamburg: Carlsen 2000, S. 139–140.

40 Vgl: Lesezeichen. Mitteilungen des Lesezentrums der Pädagogischen Hochschule Heidelberg. Heft 13 (2003), S. 7–37.

41 Kurowski, Eva: Gott schmiert keine Stullen. Eine Kindheit zwischen Lenin, Jazz und Leberwurst. Reinbek bei Hamburg: Rowohlt Polaris 2012, S. 16.

42 Ebd.

43 Kriwet, Ferdinand: Manifest zur Umstrukturierung des Ruhrreviers zum Kunstwerk. © beim Autor, Künstlerplakat 1968.

44 Sack, Gustav: Ein verbummelter Student. Berlin: S. Fischer 1917, S. 26.

45 Sack 1917, S. 25.

46 Rauner 1972, S. 4.

47 Rauner 1972, S. 5.

48 Rauner, Liselotte: Kein Grund zur Sorge. Gedichte Epigramme Songs. Oberhausen: Asso Verlag 1985, S. 83.

49 Reding, Josef: Sprachgeröll beim Wort nehmen. Nachwort in: Rauner, Liselotte: Der Wechsel ist fällig. Recklinghausen: Bitter 1970, S. 45.

50 K.A.: Erinnerung an Liselotte Rauner und ihre Ideen. http://bit.ly/2GiyZBi Datum des Zugriffs: 13.02.2018.

51 Gruner, Justus: Wesel. In: Europa Erlesen. Ruhrgebiet. Hrsg. v. Thomas Ernst und Florian Neuner. Klagenfurt/Celovec: Wieser 2009, S. 51.

52 Gruner 2009, S. 53.

53 Gruner 2009, S. 51.

54 Bahlmann, Paul: Volmarsteins Sagenschatz. Münster: Greve 1912, S. 1–2.

BIOGRAFIE LITERATURKARTE RUHR

Die Literaturkarte Ruhr wurde im Rahmen eines Forschendes-Lernen-Seminars an der Ruhr-Universität Bochum als interaktive Website erstellt. Realisiert wurde das Projekt von 13 Studierenden der Komparatistik unter der Leitung von Dr. Stephanie Heimgartner mit Unterstützung der Stabsstelle eLearning. Seit April 2016 ist die Literaturkarte Ruhr unter www.literaturkarte.ruhr abrufbar und wird von einem siebenköpfigen Team ehrenamtlich betreut und weitergeführt. Ziel des Projektes ist es, die vielseitige Literaturszene des Ruhrgebiets übersichtlich organisiert und für jeden zugänglich zu präsentieren. So wurden bisher mehr als 300 literarische Orte im Ruhrgebiet markiert und beschrieben. Erstmals erscheinen nun einige dieser Literaturschauplätze in Buchform, ausgewählt und aufbereitet von den Redaktionsmitgliedern Philip Behrendt, Anna Brendt, Tina Häntzschel, Stephanie Heimgartner, Leonie Hohmann, Caroline Königs und Sofie Mörchen.